JN415567

수월성 지향을 위한

영재프로그램 기준

NAGC 유아-유치~12학년

영재프로그램 기준에 대한 주석

수월성 지향을 위한

영재프로그램 기준

NAGC 유아-유치~12학년
영재프로그램 기준에 대한 주석

Aiming for Excellence

Annotations to the NAGC Pre-K~Grade 12 Gifted Program Standards

Mary S. Landrum
Carolyn M. Callahan
Beverly D. Shaklee 편저
이미순 옮김

국립 영재학회 출판 서비스
(A Service Publication of the National Association for Gifted Children)

박학사

Aiming for Excellence:
Annotations to the NAGC Pre-K~Grade 12 Gifted Program Standards

Mary S. Landrum
Carolyn M. Callahan
Beverly D. Shaklee

Korean Translation Copyright © 2009 by Pak Hak Sa.
The Korean language edition published by arrangement with Prufrock Press, Inc., Austin, through Agency One, Seoul.

이 책의 한국어판 저작권은 **에이전시 원**을 통해 저작권자와의 독점 계약으로 도서출판 **박학사**에 있습니다. 저작권법에 의해 한국 내에서 보호를 받는 저작물이므로 무단전재와 무단복제를 금합니다.

역자 서문

이 책은 미국국립영재학회(National Association for Gifted Children, NAGC)가 주축이 되어 발행한 『Aiming for Excellence: Gifted Program Standards』를 번역한 것이다. 이 책의 궁극적인 목적은 유아-유치~12학년에 이르는 영재 프로그램 기준을 개발하고 보급함으로써, 양질의 영재 프로그램을 작성하고 실시하도록 기초를 마련하는 데 있다.

이때, 기준(standards)이라는 말은 성공적으로 프로그램을 작성하고 개발하기 위해 미리 설정해 놓은 수행 수준을 지칭한다. 즉, NAGC에서 기술한 기준은 가시적인 교육 프로그램의 측면으로서 영재의 지속적인 성장 및 발전과 관련이 있다. 또한 주요 영재 프로그램 실제에서 도출한 전문적인 공감과 합의를 통해서 기준을 마련하기 때문에, 거의 대부분의 사람들이 기준에서 제기하는 바를 수용하게 된다. 그러므로 기준에 의거하여 영재 프로그램을 설계하게 되면, 영재교육기관의 신뢰도를 유지하게 되고, 다양하며, 유연한 공감 및 합의 체계에 의해 영재교육을 관리할 수 있다.

'NAGC 영재 프로그램 기준'이라는 말을 처음 듣게 되면, 우리나라 영재 프로그램 및 서비스를 평가하고 이에 준하여 영재교육에 기울이는 우리의 노력을 조정하는 일종의 청사진을 얻었다고 생각하게 된다. 그러나 실제 그 내용을 자세히 들여다보면, 최소 기준과 모범이 되는 기준을 나누어 제시하고 있다고 하지만, 처음 우리가 기대하던 바처럼 구체적인 청사진이 아님을 알게 된다. 다시 말해서, NAGC에서 제안한 영재 프로그램 기준은 양질의 영재 프로그램 접근법을 권고하는 것이지 어떻게 이를 전개하고 실행해야 하는지 강제적으로 지정하는 것이 아니기 때문에, 모든 학교, 학군 및 교육기관들은 영재 프로그램 기준을 수렴하여 이를 바탕으로 자율적으로 수행 수준을 설정해야 한다.

따라서 우리나라에서 영재 프로그램 기준을 마련하였다고 해서, 당면한 영재교육 문제를 해결하거나 영재 프로그램의 산출과 목표를 완벽하게 기술하기는 어렵다. 왜냐하면 유아-유치~고등학교에 이르기까지 각 수준별 영재 프로그램의 목표가 서로 상이하기 때문이다. 뿐만 아니라 동일한 목표를 지향하는 영재 프로그램일지라도 개별 영재마다 독특한 인지, 정서 및 사회적 특성을 가지고 있고, 이들의 요구에 부응하는 프로그램들도 각기 그 특성과 방법상의 차이점이 존재하고 또 존재해야 하기 때문이다.

이에 영재교육 실제가들은 NAGC 영재 프로그램 기준이 우리나라 교육현장에 갖는 적합성을 충분히 고려하여, 우리나라 실정에 맞는 영재 프로그램 기준을 마련하기 위해 노력과 열정을 기울이도록 당부하고 싶다.

끝으로 이 책을 출판하기까지 여러 도움을 주신 도서출판 박학사 사장님과 편집부에 진심어린 감사를 드리면서, 책에 어린 정성과 노력만큼 우리나라의 영재교육이 더욱 발전하기를 기원한다.

2009. 5

이미순

추천사

영재학생을 위한 국립협회(National Association for Gifted Students) 임원 및 영재교육 분야를 주도적으로 이끄는 분들이 영재프로그램 기준에 관한 이 책을 저술한 것에 대해 기쁘게 생각한다. 지속적인 영재교육의 성장과 발전은 향후 그 과정에 대해 방향을 제시하는 실제자들과 학자의 연구 및 피드백에 달려 있다. 영재프로그램 기준에 대해 논의할 때, 바로 영재교육의 어려운 문제를 해결하려고 고군분투하고 영재프로그램을 지도하고 조절한 분들의 생각을 통해서, 어느 차원에 주안점을 두어야 할지 도움을 얻게 된다. 영재프로그램의 수월성 기준은 중요하다. 만일 영재교육 분야에서 수월성을 보여주는 기준이 없다면, 일부 영재프로그램들은 아무 연관도 없이 모아 놓은 실제들을 계속해서 사용할 것이다.

1998년 NAGC는 유아-유치~12학년까지 프로그램 기준을 개발하고 공포하여, 널리 사용하고 있다. 그러나 이 기준을 소개하는 이 책을 최종의 결과물 혹은 산출물이라고 생각하기보다는 오히려 영재학생들에게 제공하는 서비스의 질을 향상하고자 계속 진행하는 하나의 과정으로 생각한다. 이 책은 질적으로 우수한 영재교육 기준에 대한 최근의 논의 외에도 수월성 수준을 증진하는 노력과 노고를 평가하는 기회를 제공해 줄 것이다.

NAGC를 대표하여 이 책의 내용과 주석에 도움을 주신 모든 저자들에게 깊이 감사를 드린다. 특히, 편집에 애를 써 주신 Mary Landrum, Bev Shaklee와 Carolyn Callahan의 끊임없는 열정에 감사를 드린다. 또한 NAGC 사무국을 대표하여 본 프로젝트를 관리해 주신 Jane Clarenbach에게도 감사한다.

Sally M. Reis

NAGC 회장

2000년 11월

저자 서문

1996년 당시 회장으로 있던 Carolyn M. Callahan은 국립 영재학회(National Association for Gifted Children, NAGC)의 특별 전문위원회를 임명하여, 유아-유치~12학년 영재교육 프로그램 기준의 실행가능성을 조사하였다. 이들 18명의 특별 전문위원회는 미국의 여러 지역을 대표하는 사람들로서, 주 영재교육을 총괄하는 소장, 부모, 고등교육을 담당하는 교수, 지역 영재프로그램 코디네이터 및 그 외 여러 사람들을 포함하여, 영재교육을 지지하고 대표하는 집단으로 구성되었다. 이에 특별 전문위원회의 활동으로 『유아-유치~12학년 영재프로그램 기준(Pre-K~Grade 12 Gifted Program Standards)』이라는 이 책을 발간하게 되었다(Landrum & Shaklee, 1998).

특별 전문위원회는 NAGC 일반 회원들의 의견은 물론, 전화 인터뷰를 통해서 영재교육 전문가들의 도움도 이끌어 내었다. 게다가 NAGC 회원들에게 무작위로 설문을 발송하고 설문조사를 실시하였다. 그리고 41개 주의 영재교육 관련 문서자료에서 정보를 수합하고, 영재교육 및 기타 분야에서 기준에 관한 문서자료를 스타일과 내용면에서 조사하였다. 비록 초기 기준에 관한 문서자료들이 여러 상이한 정보를 수록하고 있지만, 프로그램의 성공에서 중요하다고 일관적으로 언급되는 기준들이 있었다. 1998년 문서자료를 브로슈어 형태로 NAGC에서 얻을 수 있다.

1999년, NAGC 학회 편집장인 James Gallagher는 실제 사용자들에게 도움을 주고자 주석을 달아 각 기준의 의미를 보다 설명하고 원리를 소개하는 가이드를 만들어 달라고 초창기 기준 편집자들에게 요청을 하였다. 그 결과, 수월성을 추구하는 『NAGC 유아-유치~12학년 영재프로그램 기준에 대한 주석(Aiming for Excellence: Annotations to the NAGC Pre-K~Grade 12 Gifted Program Standards)』이라는 책이 발간되어 본 기준에 대한 이해를 도모하며 그 유용성을 증진하게 되었다. 각 프로그램 기준에 대한 원리를 제공하는 것 외에도, 사립 및 공립 유아, 초등 및 중·고등학교에서 이 기준을 성공적으로 적용할 때의 이점, 예시 결과, 그리고 예상되는 장애를 소개하였다. 저자들은 이 책으로 돌아와서 기준과 활동 자원을 문서로 명시하였으므로, 바로 이 문서는 각 기준에 대한 기초적인 역할을 한다.

도입: 기준 개발

유아-유치~12학년 영재교육 프로그램 작성 기준의 목적

지역 영재프로그램을 작성하는 질적 측면을 조사하기 위해서, 국립 영재학회(National Association for Gifted Children, NAGC)는 만족스럽다는 프로그램의 명목상 필요조건, 혹은 최소 기준에 대한 틀을 마련하였다. 모범적인 혹은 이상적인 수준이라고 이 책에서 명시한 것은 영재교육 프로그램 작성에서 뛰어나다는 뜻이다. 이 기준들은 다음과 같은 역할을 할 것이다. (1) 프로그램 작성의 효율성을 측정하는 지표, (2) 프로그램 평가를 위한 기준, (3) 프로그램 개발을 위한 가이드라인, (4) 양질의 영재교육 프로그램 작성을 위한 최소 요건을 제안한다.

기준 편성의 원리

영재교육 프로그램 작성 기준에 대한 다섯 가지 기본 원리에 따라 1998

유아-유치~12학년 영재프로그램 기준을 개발하였다.

1. 기준은 학교들로 하여금 양질의 프로그램을 작성할 수 있도록 권장하고 이끌어 주어야 한다.
2. 기준은 수월성을 지향할 때 필수요건이 되는 프로그램 특징과 기준을 진술해야 한다.
3. 기준은 모든 학교의 학군과 교육기관에서 열망하는 수행수준을 설정한다.
4. 기준은 영재교육의 주요 실제에 대한 전문적인 공감을 보여준다.
5. 기준은 교육 프로그램을 작성함에 있어 관찰가능한 면모를 포함하여 진술하고 직접적으로 영재 학습자의 지속적인 성장 및 발전과 관련이 있어야 한다.

전체 기준세트는 부록에 수록해 놓았다.

책의 개관

용어의 정의

- **영재교육 프로그램 작성**(Gifted education programming)은 지속적인 기초 위에서 영재 학습자를 육성하는 형식적 및 비형식적인 서비스를 조절하고 포괄하는 구조를 말한다.
- **영재 학습자**(Gifted learners)란 "탁월한 재능을 가진 자로서 연령, 경험 혹은 환경면에서 다른 사람들과 비교하였을 때 괄목할 만큼 높은 성취 수준에서 수행하거나 수행할 수 있는 잠재력을 보여주는 어린이 및 청소년"을 말한다(U.S. Department of Education, 1993,

p. 3).

- **기준**(Standard)은 일종의 수행수준을 명시한 것으로서, 성공적인 프로그램의 작성을 표방한다(Worthen, Sanders, & Fitzpatrick, 1997).
- **최소 기준**(Minimum standards)은 영재교육 프로그램을 작성할 때 수용해야 하는 필수조건에 관한 것이다. 이 기준을 통해서, 영재교육 실제를 적절하게 유발할 수 있다. 최소 기준에서는 반드시(must) 라는 말을 사용하여, 효과적으로 영재교육 프로그램을 작성하는 필수조건을 언급한다. 이 문서자료 내에 수록해 놓은 기준들은 영재 학습자의 요구를 충족시키는 차별화된 자료는 물론, 모든 학생들을 위해서도 적절한 자원이 필요하다는 점을 주장한다.
- **모범이 되는 기준**(Exemplary standards)이란 영재교육 실제를 프로그램으로 작성할 때 뛰어난 것임을 지칭하는 말이다. 이 기준에 의거하여 영재교육 서비스를 유도할 것이다.

전개 양식

영재교육 프로그램을 작성하는 일곱 가지 중요하고 본질적인 기준에 초점을 맞추어 각 장을 기술한다.

- 프로그램 설계
- 프로그램 운영 및 관리
- 사회-정서적 지도 및 상담
- 학생 판별
- 교육과정과 교수지도
- 전문성 개발

■ 프로그램 평가

각 장마다, 중요한 기준을 자세히 기술한 다음, 일반적인 논의를 통해서 각 지침 원리를 고려한다. 또한 현행 연구, 이론 및 프로그램을 작성하는 틀에 포함해야 하는 원리를 보여주는 최선의 실제를 통해서, 기존의 영재교육 프로그램 작성 기준에 대해 갖고 있는 일반적인 신념을 기술하고 설명한다. 원리를 다룬 후에, 지침 원리를 적용할 때 이점이 될 만한 점과 지침 원리를 효과적으로 적용할 때 장애가 되는 것들을 설명하고, 마지막으로, 최소 및 모범이 되는 기준을 실시하였을 때 생기는 성과를 제시한다.

차 례

제 1 장

프로그램 설계

Beverly D. Shaklee

적절한 영재교육 프로그램을 개발하려면, 바람직한 철학적, 이론적 및 실험적 지지에 기반을 두는 포괄적인 서비스가 필요하다.

"없는 것보다는 낫다"라고 영재교육 프로그램을 생각함으로써 부적절한 영재교육 서비스를 변화시켜 향상하는 것을 두려워하고 꺼려하게 되었다. 이론과 실험적 기초에 근거할 때 프로그램은 영재에게 바람직한 영향을 미친다. 영재를 위해 부적절한 일반 교육경험을 변경하여 도움을 제공한다는 식의 접근법으로는 영재의 잠재력을 개발하는 데 충분하지 않다.

지침 원리 1

영재를 위해서는 하나의 영재교육 프로그램보다는, 연속적으로 프로그램 서비스를 마련해야 한다.

기술(Description)

여러 측면에서 영재성을 발견할 수 있고 영재라고 판별된 학생에게서도 그 영재성이 다양한 방식과 정도로 발현되기 때문에, 연속적인 서비스 필요성을 가정해 보는 것이 당연하다. 그러므로 한 가지 프로그램 선택안(예: 풀-아웃 프로그램)이 모든 영재에게 똑같이 적합한 것은 아니다. 영재성은 한 가지로 그 실체를 판단할 수 있는 것이 아니라 여러 차원에서 성장하고 발달하는 것으로 생각해야 한다. 그러므로 적절한 교육을 보장하기 위해서, 연속적인 서비스를 설계하여 유치원생에서부터 고등학생에 이르기까지 여러 다양한 유형과 수준에서 필요한 요구를 충족해야 한다.

원리(Rationale)

영재를 위한 프로그램 개발 노력에는 주의 깊은 계획, 개발 및 실시가 필요하다(VanTassel-Baska, 1998). Cox, Daniel과 Boston(1985)은 영재를 위한 포괄적이며 연속적인 서비스의 필요성이야말로 영재성, 가족, 지역사회 환경과 학생의 연령에 따라 차별화되어야 한다고 주장하였다. 예를 들어, 심화집단 선택안, 특별 풀-아웃 교실학습, 동질 집단, 특별 및 마그넷 학교, 사사제도, 이중 등록 등과 같이 학생요구에 그 서비스 수준을 맞춤으로써 학습을 극대화하게 된다. 게다가 진로상담, 대학상담, 개별상담과 기타 심리-사회적인 서비스를 통해서 학업뿐 아니라 정서적 발달도 도모하게 된다.

이점(Benefits)

1. 영재의 요구에 맞게 학습 환경을 제공함으로써 인지, 심리-사회, 물리적인 영역에서의 발달기회를 극대화한다.
2. 행동적으로 산만하고, 사회적으로 부적절하거나 미성숙한 학생으로 부정확하게 판별할 잠재적인 위험이 적어진다.
3. 연속적인 발달을 지지할 생물학적 및 지적인 또래집단을 구성한다.
4. 영재는 높은 수준의 학습, 동기와 과제지속력을 유지한다.

잠재적인 장애(Potential Barriers)

1. 영재에게 그들의 교육적 진로에 따라 서비스를 제공하려는 프로그램은 보다 포괄적으로 계획을 해야 한다.
2. 한 학년 프로그램(예: 3학년) 혹은 한 가지 형태(one-size-fits-all)의 프로그램(예: 자료실)을 보다 쉽게 운영할 수 있다.
3. 포괄적인 프로그램을 위해서는 많은 학교 지지자들 간에 조정이 필요하다.

기준과 성과

1.0 최소 기준	1.0 모범이 되는 기준
모든 영재들은 영재프로그램의 서비스 혜택을 받아야 한다.	**제공하는 연속적인 선택안의 서비스가 영재 수준에 적합해야 한다.**
• 학문과 비학문 영역에서 서비스를 영재에게 제공한다. • 영재성과 영재성 정도에 있어, 서비스는 영재의 다양성을 언급한다. • 모든 학년 수준, 유아에서 고등학생까지 학교는 영재프로그램 서비스를 마련해야 한다.	• 학교는 유아원에서 고등학교까지 영재프로그램 서비스를 마련하며 특별히 가정 및 지역사회 내에서 그들의 요구를 판별하는 것 외에도 연령과 발달수준을 포함하여 요구를 파악하고 이에 맞는 프로그램을 구상한다. • 영재를 위한 서비스는 차별화된 프로그램(예: 상담교사, 자료실, 파트-타임, 특별학교 등) 양식을 망라하며 단 하나의 프로그램을 구상하는 것으로 국한하지 않는다. • 영재의 요구를 파악하고, 이에 적절한 서비스를 제공해야 한다. • 서비스는 모든 유형의 영재, 즉 일반 학문영역, 특별 학문영역, 창의성, 리더십과 시각 및 공연예술을 포함하여 다양한 영역에서 영재 요구를 반영한다.

지침 원리 2

영재교육에 대한 적절한 기금을 마련해야 한다.

기술(Description)

연속적으로 영재교육 서비스를 개발, 지원 및 유지하기 위해서는, 지역 학군의 예산운영의 일부분으로 영재교육을 통합해야 한다. 단순히 외부기금, 주입법 및 국가적인 노력만으로 영재교육 프로그램을 좌우하지 말아야 한다. 예산계획과정을 지속하여 영재교육 프로그램의 기금을 마련하고 학군 내 다른 유사한 프로그램에 상응하는 지지를 받을 수 있게 해야 한다.

원리(Rationale)

영재교육 프로그램은 교육상에서 "입양아(Stepchild)"처럼 비춰져서, 학군 예산이 부족할 때, 제일 먼저 없애는 특별프로그램 중 하나라고 생각하였다. 그렇지만 영재를 위한 서비스는 학교수업에 첨가되는 것이 아니다. 영재프로그램을 통해서 학생들은 배우고, 성장하고, 발달한다. 일반 교육과정이 영재에게 차별화된 교육과정을 제공하지 못할 때, 적절한 학습 환경을 제공할 수 없다. 적절한 기금을 조성하지 못하면, 이로 인해 학생과 부모 모두에게 교육서비스를 받는 기회를 부정하는 것이다(Purcell, 1994).

이점(Benefits)

1. 체계적이고 지속적인 프로그램 기금을 통해서 계속 프로그램 발달

을 도모한다.

2. 적절한 기금을 통해서 프로그램 향상을 지향하고 평가한다.
3. 지속적인 기금을 통해서 프로그램 서비스들 간에 연속성을 보장한다.
4. 지속적인 기금을 통해서 장기적인 책략 계획을 세운다.
5. 지속적인 기금을 통해서 유아부터 고등학생까지 잠재영역 발달을 증진하고 적절하게 서비스 지원을 받는 기회를 마련한다.
6. 지속적인 기금을 통해서 교사, 부모, 옹호자 및 학생들은 단기적인 기금운영보다는 장기적인 발달에 노력을 집약하게 된다.

잠재적인 장애(Potential Barriers)

1. 행정가들은 다른 프로그램과 통합되는 것이라기보다는 "첨가되는" 것으로 영재프로그램을 생각할 수 있다.
2. 일부 지역학군들은 연방 Javit 프로그램 같은 주 기금 혹은 입법 서비스에 의존한다. 이와 같은 기금 때문에 영재교육을 전반적인 교육전달체계의 일부로 생각하지 않을 가능성이 있다.

기준과 성과

2.0 최소 기준	2.0 모범이 되는 기준
영재교육 기금은 다른 지역 프로그램 기금에 상응해야 한다.	영재교육 프로그램은 프로그램 목적과 일관되는 기금을 조성하여 적절하게 영재의 요구를 충족시켜야 한다.
• 학군 연간 예산으로 영재교육 프로그램을 위한 특별 배정 기금을 마련한다. • 주와 학교들은 영재교육 프로그램을 위해 연속적으로 기금을 마련하여 다른 교육적 노력의 크기 및 영역에 상응할 수 있도록 한다.	• 연속적인 영재교육 서비스를 위해 체계적으로 계획과 목적을 설정하여 주 및 학군 수준에서 수립하는 장기적인 계획의 일부분으로 영재 프로그램을 정착시킨다. • 부가적인 외부기금(대개 꼭 필요한 기금이라기보다는 부수적인 것으로 비춰지는 기금) 없이도 목적달성을 할 수 있도록 프로그램 목적에 부합하는 기금을 마련한다. • 학교와 학군에서 제공하는 영재교육 서비스의 연속성을 위해 기금을 구체적으로 마련한다. • 기금부족으로 인해, 일정 수 혹은 특정 영재영역에 국한하여 프로그램을 제공하지 않는다.

지침 원리 3

포괄적이며 건전한 기초에 의거하여 영재교육 프로그램을 발전시켜야 한다.

기술(Description)

영재에 대한 일관된 정의가 없지만, 지역사회 가치와 신념을 반영하는 철학적 기초를 갖고 영재교육 프로그램을 발전시켜야 한다. 게다가 철학적 기초는 지역사회 가치를 반영할 뿐 아니라 영재로 판별된 학생의 특별한 요구도 반영해야 한다. 가능할 때마다, 기존 파라미터와 "가장 좋은" 실제를 결정할 수 있도록 연구관점에서 그 기초를 구성해야 한다. 구체적인 연구가 용이하지 않으면, 그 분야의 전문가에게 상담을 요청한다.

원리(Rationale)

영재교육 프로그램은 일반 교육 프로그램과 상호관련성이 있어야 한다. 프로그램을 이론적, 실험적 관점과(예: 영재프로그램 설계 및 실제를 지지하는 연구) 실질적인 관점(예: 자료 유용성)에서 개발해야 한다. 그 외에, 프로그램은 적절한 양식으로 영재발달에 대한 지식, 차별화된 교육과정의 평가 및 평정, 그리고 상호관련성과 교수 실제를 반영해야 한다(Callahan, Landrum, & Hunsaker, 1988; Davis & Rimm, 1998; Gallagher & Gallagher, 1994).

이점(Benefits)

1. 바람직한 영재교육 철학, 이론, 실험 및 실제적인 지식에 기초하여 적절한 교육을 제공하는 포괄적인 프로그램을 마련한다.
2. 실제 교육을 담당하는 교육자들은 여기에서 비롯된 정보를 통해 성공적인 영재교육 촉진자로 이바지한다.
3. 주의 깊고 철저하게 고안된 프로그램을 통해서, 학습과 연구기반을 마련하고 프로그램의 기존 목적과 영재의 요구 충족 면에서 프로그램 효과에 대한 실질적인 정보를 얻을 수 있다. 역으로 이를 영재교육 프로그램의 자원으로 활용하는 기회를 마련하게 된다.

잠재적인 장애 (Potential Barriers)

1. 여러 해 동안 개정하지 않았던 프로그램은 대개 최근의 지식 경향 및 동향을 반영하지 않는다.
2. 연구와 이론적 이해를 넓힐 전문 도서관, 학회 및 상담자와의 접촉 기회 부족은 프로그램 개발자의 사고를 제한한다.

기준과 성과

3.0 최소 기준	3.0 모범이 되는 기준
일반적으로 하는 개관에서 벗어나서 영재교육 프로그램을 제기해야 한다.	**많은 정보를 갖고 있는 전문가의 조언으로 영재교육 프로그램 작성을 계획해야 한다.**
• 최소한 3년에 한 번 내적, 외적으로 영재교육 프로그램을 개관한다.	• 조언에는 직접적인 전문 인사와의 접촉, 인터넷 사용 및 영재교육에 대한 연구문헌 개관 등이 포함된다. • 그 분야에 정통한 전문가와의 상담 하에 프로그램을 개발한다. • 프로그램 감사를 통해서 영재교육에 대한 풍부한 실제, 전문가 및 연구지식을 직접적으로 연계한다.

기준과 성과

3.1 최소 기준	3.1 모범이 되는 기준
분명하게 연관된 철학적 진술과 이에 수반된 목적과 목표가 영재프로그램을 이끌어야 한다.	**영재프로그램의 작성에 관한 필요성을 진술하는 미션 혹은 철학적 보고서를 학교 및 학군에서 작성해야 한다.**
• 분명하게 연결된 철학적 진술, 목표와 목적을 포함하여 프로그램 작성 문서를 개발하고 현재의 미션과 의도한 성과를 업데이트한다. • 프로그램 활동은 의도한 프로그램 목적 및 목표와 일관되어야 한다.	• 충분히 구성한 미션에 대한 진술과 학교 혹은 학군 조직체의 정책에서 특히 영재교육 프로그램의 작성 필요성을 인식하고 언급한다. • 영재교육 프로그램 작성의 철학, 목표 및 목적을 담고 있는 교육 문서를 즉시 배포한다. • 학교와 학군의 인사들은 공개적인 프로그램의 작성을 인정하고, 지지하며, 배포한다.

기준과 성과

3.2 최소 기준	3.2 모범이 되는 기준
학년 즉, 유아-유치~12학년별로 연속적인 서비스를 제공해야 한다.	**유아-유치~12학년용 프로그램 계획에 포괄적으로 판별, 교육과정과 교수, 서비스 전달, 교사 준비, 형성 및 총괄 평가, 지원 서비스 및 부모 참여를 포함시킨다.**
• 프로그램 문서를 통해서, 영재를 위한 연속적인 서비스가 학교교육 시작부터 끝까지 모든 발달 단계의 영재에게 가장 적합하다는 것을 보여주는 특별한 증거를 제공한다.	• 모범적인 프로그램 작성은 위의 요소들로 그 특징을 지을 수 있으며, 모든 관계자들이 쉽게 이용할 수 있는 문서로 이 특징을 기록해 두어, 체계적으로 실시하고 실제 관찰할 수 있어야 한다. • 모범적인 프로그램 작성은 다양한 영재의 요구를 충족함에 있어 정보를 수합해서 교육 프로그램의 효과를 평가한다.

지침 원리 4

영재교육 프로그램 작성 서비스는 일반 교육의 통합적인 한 부분이 되어야 한다.

기술(Description)

영재는 어떤 특정한 때 하루 혹은 일주일 동안 영재가 되는 것이 아니다. 즉, 영재를 위한 서비스는 학습을 최대화하기 위해서, 영재의 전체 교육 환경에서 필수요소인 것이다. 체계적이며 지원을 해 주는 프로그램 작성 선택안을 정규 수업시간 동안 정기적으로 제공해야 한다.

원리(Rationale)

대부분 영재는 이미 완전히 알고 있는 교육과정을 학습하느라고 시간의 50%를 소비한다(Reis, Burns, & Renzulli, 1992). 게다가 대부분 일반학급 교사들은 설사 있다고 하더라도 매우 조금만 영재를 위한 규정을 만든다(Archambault, Westberg, Brown, Hallmark, Zhang, & Emmons, 1993; Purcell, 1994; U.S. Department of Education, 1993). 이는 영재가 자신의 능력에 미치지 않는 것을 하는 데 학업 진로의 반을 소비할 수 있음을 뜻한다. 학교생활 동안 학생의 요구에 대한 정상적인 반응으로 차별화된 교육과정의 기회를 제공하고 융통적이며 다양한 환경에서 도전적인 교육과정을 이용하게 하는 것이 영재학생의 성취를 위해 중요하다.

이점(Benefits)

1. 학교생활 동안 영재가 받는 서비스의 궁극적인 이점을 지원하고 학습 참여를 연장해 준다(Delcourt, Loyd, Cornell, & Goldberg, 1994).
2. 적절한 학습경험은 학생의 동기를 증진하고 미성취 양상을 줄이는 힘을 가지고 있다(Shaklee, 1997).

잠재적인 장애(Potential Barriers)

1. 일반 교육에서 교사와 행정가들은 차별화된 서비스를 제공하기 위해 연구, 교육법 및 연수가 필요하다는 점을 인식하지 못하고 있다.
2. 영재를 지도하는 모든 교사에게 광범위한 지원과 전문성 개발을 제공하려면 시간 및 비용이 소요된다.
3. 어떤 일정 패턴의 집단 편성(예: 이질적인 집단 편성만)을 위임하는 정책은 영재에게 도움을 주는 융통적인 교수법을 제공하지 못하도록 교사에게 메시지를 전달할 수 있다.
4. 영재의 교육적 요구를 인식하지 못하고 영재교육이 엘리트주의라고 가정하는 행정가와 교사는 방해를 할 수 있다.

기준과 성과

4.0 최소 기준	4.0 모범이 되는 기준
일반 교육 프로그램 내에서 영재교육 프로그램 작성을 명확히 해야 한다.	학생이 프로그램을 통해서 발전할 때 그 연속성을 보장하려면, 모든 학년 수준의 정규학급에서 학습하는 기본적인 학업 기술과 지식 위에서 영재 서비스를 보충하고 설정하도록 기획해야 한다.
• 일반 교육 및 영재교육 프로그램 작성의 적합성과 적절한 차별화를 개발할 수 있는 영역인지 조사한다.	• 교육과정 감사를 실시하여 미리 영재를 위해 교육과정 및 교수지도를 조정하고 수정할 수 있도록 일반 교육과정의 어디에서, 언제, 그리고 어떻게 기본적인 기술과 지식을 전해줄지 결정한다. • 영재교육 프로그램 작성에서 핵심 지식을 이용하는 교육경험을 구성하며, 학생의 학습을 확장하고, 기본적 및 높은 수준의 학습 기술을 적용한다.

기준과 성과

4.1 최소 기준	4.1 모범이 되는 기준
적절한 교육기회를 정규학급, 자료실, 별도 혹은 자유선택 환경에서 제공해야 한다.	**지역 학군은 단 하나의 서비스로 대별되지 않도록 여러 서비스 전달 선택안을 제공해야 한다.**
• 평가자료를 사용하여 요구의 모든 수준에 맞게 배치를 결정하고 교육과정을 차별화한다. • 교원 및 교과목을 계획하는 시간도 포함해 두어, 조직상의 장애로 인해 적합한 서비스를 학생에게 배정하지 못하는 일이 없어야 한다.	• 영재로 판별한 학생의 요구, 나이 및 발달수준에 맞는 다양한 서비스 전달 선택안을 통해서 교육적 서비스를 제공한다. • 서비스 전달에 속진과 심화 선택안을 포함시킨다. • 영재의 상이한 유형과 정도에 맞추어 조절하기 위해서 서비스 전달 선택안을 다양화한다.

지침 원리 5

차별화된 교수지도 및 교육과정을 촉진하기 위해서 융통적으로 학생을 집단으로 편성하는 방안을 개발해야 한다.

기술(Description)

융통적으로 집단을 편성하여 영재에게 유익한 결과를 제공한다(Gallagher & Gallagher, 1994). 학급에서 지도할 때 학생들을 다양하게 배치하려면, 흥미, 학습스타일, 지적 능력, 성취 혹은 교수지도 목적에 대한 학습자의 여러 프로파일에 따라 집단을 편성할 수 있다. 개별적으로, 소집단 그리고 경우에 따라서는 전체 집단을 대상으로 융통적으로 지도할 수 있다. 한 가지로 집단을 편성하는 패턴을 유일한 교수방법으로 사용하지 말아야 한다.

원리(Rationale)

융통적으로 집단을 편성함으로써 교사는 학급 학생의 요구를 충족하는 다양한 방법을 제공하게 된다. 지적인 또래로부터 자극을 받을 수 있도록 영재에게 서로 상호작용하는 기회를 제공한다. 또한 집단을 편성할 때 유사한 흥미 혹은 학습스타일을 가진 또래와 함께 학습할 수 있도록 적절한 때에 기회를 제공한다.

이점(Benefits)

1. 능력이 뛰어난 학생들은 속진 교육과정 선택안으로 이득을 얻는다.
2. 수준 높은 학생의 지식과 이해를 넓히고 깊게 해 주기 위해 교육과정을 조절해 준다면, 이를 통해서 긍정적인 영향을 미치게 된다.
3. 높은 수준, 보통, 그리고 노력을 해야 하는 학생들에게도 그 집단의 수준에 맞게 교육과정을 조절하는 집단 편성 패턴을 활용하면 바람직한 영향을 미치게 된다.
4. 영재에게 사회적 또래 집단뿐 아니라 지적 또래를 갖게 해 준다.
5. 융통적으로 집단을 편성하려면 진단 및 처방적인 실제가 필요하다.

잠재적인 장애(Potential Barriers)

1. 융통적으로 집단을 편성하는 패턴에서 가장 큰 잠재적인 장애는 융통적인 집단 편성(grouping)과 고정 집단 편성(tracking)의 차이를 이해하지 못하고 행정가가 이를 잘못 파악하는 것이다.
2. 이질적인 학급을 옹호하는 사람들은 학급 교사가 학급 내 모든 학생을 위해 효과적으로 지도방법을 차별화할 수 있다고 주장한다. 그러나 연구에 의하면, 집중적인 연수 없이, 정규학급 교사는 학급에서 영재를 위해 적절하게 차별화를 제공하지 못하는 것으로 나타났다(Archambault et al., 1993; Westberg, Archambault, Dobyns, & Slavin, 1993).
3. 대개 사용하는 집단 편성 실제인, 협동 학습은 특별히 교육과정을 조절하여 사용하지 않는다면 영재에게는 별 이득이 되지 않는다(Robinson, 1997).

기준과 성과

5.0 최소 기준	5.0 모범이 되는 기준
영재교육 프로그램을 작성할 때 통합적인 한 부분으로 융통적으로 집단을 편성한다.	영재가 지적인 또래와 함께 그리고 이 또래로부터 학습하게 하려면 모든 내용영역과 학년에서 융통적으로 집단을 편성하고 배치해야 한다.
• 여러 학급 상황에서 융통적으로 집단 편성 패턴을 사용하도록 유도하는 문서와 예들이 있다. • 강점과 약점에 따른 학생 요구의 변화를 인정하면서, 교수지도상 집단 편성의 구성요소를 유동적으로 사용한다. • 교사들로 하여금 학생의 요구와 교수지도 목적이 서로 부합하는 역동적이며 융통적인 집단 편성 패턴을 사용하도록 권장한다.	• 융통적인 집단 편성을 위해 유아-유치~12학년에서 체계적이며 지속적인 규정을 만들어 영재로 하여금 학년 수준별 및 과목별로 서로 상호작용할 수 있도록 한다. • 제한을 두지 않고, 능력, 수행, 심리-사회적 혹은 심리적 요구를 포함하여, 집단 편성 패턴을 영재의 교수지도상의 요구와 연결지어 파악한다.

지침 원리 6

일반 교육 프로그램의 특징과 운영에 맞게 조절하고 첨가하는 정책적 특수성이 영재프로그램에도 필요하다.

기술(Description)

정책만으로 영재가 적절한 교육을 받는다고 보장할 수 없지만, 역사적으로 연방, 주 및 지역 수준의 정책적 지원 없이는 영재에게 체계적인 서비스를 제공하지 못한다(U.S. Department of Education, 1993). 정책은 학군의 방향을 세워주고, 재정적인 계획과 지출 파라미터를 설정하며, 영재를 위한 서비스 지침을 마련한다.

원리(Rationale)

일반적으로 기금과 연결되어 입법에서 나온, 학교 정책으로 교사와 행정가들은 교육과정 전달, 집단 편성 실제, 교수지도상의 실제, 평가 및 판별에 대한 우선순위를 세운다. 정책은 또한 조기 입학, 월반 및 이중 등록을 포함하여 관련 문제도 언급한다. 잘 설계되고, 설정되며, 인증을 받는 정책을 통해서 학군에서 영재에게 해 주어야 하는 바를 공식 성명으로 만들고 부모에게도 그들의 관심을 언급할 수 있는 방도를 제공한다.

이점(Benefits)

1. 영재 서비스에 대한 위임 같은 강력한 공립정책을 가진 주들은 비

록 긴축재정 시기 동안에도 서비스를 지속적으로 제공한다(Purcell, 1994).

2. 정책은 의사결정 및 자원배분에 대한 틀을 제공한다.
3. 정책은 서비스에 대한 직접적인 지원과 일종의 수단을 제공하며, 이를 통해서 영재프로그램 작성 서비스를 평가할 수 있다.
4. 정책은 부모에게 영재의 요구를 언급하는 일종의 수단을 제공한다.
5. 정책 문서는 일종의 수단을 제공하며, 이를 통해서 정책이 충족되었는지 아닌지 결정할 때 프로그램 작성 서비스를 평가할 수 있다.

잠재적인 장애(Potential Barriers)

1. 상응하는 재정 및 기타 자원의 지원 없이 제기하는 정책은 쉽게 무시를 받거나 없어진다.
2. 특히 부과하거나 새로운 인사가 옛 인사를 대체하는 시기에, 행정가, 교사 및 부모들은 영재에게 영향을 미치는 정책을 인식하지 못할 수도 있다.
3. 너무 자주, 정책은 단지 보고서로만 존재하여 적극적으로 프로그램을 계획하거나 전달하지 못한다.
4. 정책은 건전한 이론 및 연구보다는 결정적인 사건 혹은 정치적인 힘에 기초할 수 있다.
5. 한 집단의 학습자를 지원하기 위해 개발된 정책은 특히 학생의 선택안을 제한하고, 다른 사람의 학습 기회를 방해할 수 있다.

기준과 성과

6.0 최소 기준	6.0 모범이 되는 기준
기존 및 장래의 학교 정책은 영재의 요구에 대한 규정을 포함해야 한다.	**최소한 다음의 영역에서 영재교육 정책을 마련해야 한다: 조기 입학, 월반, 능력별 집단 편성 및 이중 등록.**
• 집단 편성, 조기 입학, 학점 주기, 교과서 선택, 시험 등의 정책은 영재의 학습 요구에 맞는 적절한 반응을 반영해야 한다. • 정규적으로 모든 교원들이 함께 정책을 살펴본다.	• 영재교육에 대한 연구 문헌에서 지지하는 정책을 주 및 지역 학군 정책으로 명시하여 최소 표준기준을 만족시키며(Landrum & Shaklee, 1998), 위의 영역들을 포함할 수 있게 한다. • 영재교육 분야의 최근 이론 및 경향과 일치하는지 확인하기 위해 정책 문서를 살펴보고 개정한다.

제 2 장

프로그램 운영 및 관리

Mary S. Landrum, Gloria L. Cox, & Mary Evans

> 적절한 영재교육 프로그램을 작성하려면 서비스를 개발하고, 실시하고, 운영하는 체계적인 방법을 설정해 놓아야 한다.

영재를 위한 서비스를 계획하고, 실행하고, 조정하며, 개정하기 위해서는 조직적이며 포괄적인 계획이 필요하다. 프로그램 선택안을 실시할 리더십 기술과 정책을 개발하기 위해서는 영재교육에 대해 적절한 전문성을 갖춘 사람이 이 계획을 수행해야 한다. 비록 영재교육 프로그램 작성을 다른 학교 프로그램과 독립적인 것으로 간주해야 하지만, 관련 서비스를 전체 학교프로그램 작성과 완전히 통합해야 한다.

지침 원리 1

적합한 자격을 갖춘 교원이 영재학습을 위한 서비스를 제공해야 한다.

기술(Description)

효과적인 영재프로그램의 작성은 영재교육에 대한 이론과 연구에서 지식을 갖추고, 의사결정 및 교육 프로그램 행정 기술을 갖춘 사람의 리더십에 따라 좌우된다.

원리(Rationale)

영재교육에 대한 지식 기초와 특수한 유능성의 필요성을 제안하면서 여러 연구결과들은 영재교육 연수를 받지 않은 사람이 효과적으로 영재의 특별한 교육적 요구를 충족시키지 못한다는 점을 보여준다(Tomlinson, Tomchin, Callahan, Adams, Pizzat-Tinnin, Cunningham, Moore, Lutz, Roberson, Eiss, Landrum, Hunsaker, & Imbeau, 1994). 효과적인 영재교육은 영재교육을 옹호하는 강력한 행정가와 함께 시작된다. 행정가는 지역 학군과 보다 큰 지역사회로부터 지원을 이끌어낼 뿐 아니라, 영재의 요구와 특징을 기술할 수 있어야 한다(Delcourt & Evans, 1994). 영재프로그램을 관리하고 실시하는 주된 책임에 대해 연수를 받지 못한 사람들에게는 꼭 필요한 지식과 기술을 개발할 수 있게 해 주어야 한다(Delcourt & Evans, 1994). 특수한 영재의 요구와 관련하여 교원개발은 모든 교원에게 꼭 필요한 것이다. 예를 들어, 교사는 영재의 요구를 이해하고 이들의 요구를 충족할 수 있는 여러 선택안을 인식하고 있어야 한다.

이점(Benefits)

1. 적절하게 연수를 받은 행정가는 학군 전역의 행정 수준과 교사 수준에서 영재교육 관련 교육방법을 이해하도록 다른 사람을 이끌어 줄 수 있다.
2. 연수받은 사람들은 학군 내 영재교육 분야에서 최선의 실제를 실시한다.
3. 프로그램 운영 및 관리는 전문가가 이끌어 줄 때 영재교육 분야의 경험적 기초와 보다 일치할 것이다.

잠재적인 장애(Potential Barriers)

1. 영재교육의 특수한 분야에서 연수를 받는다는 것은 대개 쉽지 않으므로, 리더십 지원자 풀을 제한하게 된다.
2. 영재교육에서 특수한 연수를 받은 사람들이 오히려 학교 및 교육 프로그램에 대해서 제한된 시각을 가지고 있다고 생각할지 모른다.

기준과 성과

1.0 최소 기준	1.0 모범이 되는 기준
영재프로그램 코디네이터로 지명을 받은 사람은 영재교육과정 및 교원개발을 완수하고 적절한 자격을 갖추고 있다는 리더십 능력을 보여주어야 한다.	**코디네이터로 지명을 받은 사람은 영재교육에서 보증하는 프로그램 혹은 높은 수준의 학위 프로그램을 이수해야 한다.**
• 코디네이터는 영재교육에서 보증 및 인가를 얻으려고 노력해야 한다. • 코디네이터는 영재교육에서 인정하는 전문성 개발 활동에 참여해야 한다(예: 연구소, NAGC 회원).	• 영재교육 프로그램 코디네이터는 지역 혹은 주 수준의 영재교육에 대한 보증 및 인가를 가지고 있어야 한다. • 코디네이터는 영재교육에 대해 수여하는 초기 보증/인가를 넘어서 최근의 지식기초와 최선의 실제를 반영하는 전문성 개발에 참여해야 한다. • 영재교육 코디네이터는 영재교육에서 높은 수준의 학위를 가지고 있어야 한다.

지침 원리 2

영재교육 프로그램을 일반 교육 프로그램에 통합해야 한다.

기술(Description)

영재교육을 별도로 다르게 취급하는 것은 대개 일반학교 프로그램에서 영재 서비스를 고립시키기 때문이다. 영재교육 프로그램은 학군의 일반적인 교육계획의 한 부분으로 전체 학교프로그램 개선에 일조를 해야 한다.

원리(Rationale)

영재프로그램을 일반 교육 프로그램에 통합함으로써 모든 학생을 위해 학습을 증진한다는 생각과 교수지도 방법의 교류를 증진하게 된다. 예를 들어, 영재교육을 전체 학교프로그램에 통합함으로써 의사소통의 증진(Tomlinson, Coleman, Allan, Udall, & Landrum, 1996) 및 전반적인 학급교수지도의 향상(Purcell & Leppien, 1998)과 같은 이득을 얻을 수 있다. 이상과 같이 긍정적으로 확산된 영재교육의 효과는 영재교육 프로그램 서비스가 별도의 서비스라기보다는 협동적으로 통합되어야 한다는 생각에서 비롯된다(Renzulli & Reis, 1991; Kirschenbaum, Armstrong, & Landrum, 1999).

이점(Benefits)

1. 프로그램, 교원, 교육과정과 학생이 학군 전체 교육 프로그램으로부터 분리되기보다는 연결된다.

2. 영재교육 프로그램은 협동적인 노력이다.
3. 영재교육 서비스는 전체 학교프로그램에 긍정적으로 그 효과를 확산할 수 있다.

잠재적인 장애(Potential Barriers)

1. 기존 별도의 프로그램들은 통합하려는 노력으로 인해 위협을 느낄 수 있다.
2. 영재프로그램을 영재교육에 대한 배경 및 연수와 무관한 사람들이 실시할 수 있다는 의미로 해석한다면 효과적으로 통합을 할 수 없을 것이다.
3. 영재 부모, 영재와 영재 리더들은 일반 교육과 통합되었을 때 영재교육 프로그램이 희석될까봐 두려워한다.

기준과 성과

2.0 최소 기준

영재교육 프로그램은 모든 수준에서 일반 교육과 영재교육 사이에 연계성을 만들어야 한다.

- 일반 교육과 영재교육의 교원은 핵심적인 학교 교육과정과 통합되는 그러나 적절하게 차별화되는 교육 프로그램을 계획한다.
- 시각 및 공연예술에 대한 일반 교육 프로그램과 영재프로그램에서 영재를 파악하고 적절하게 차별화된 서비스를 개발하기 위해 함께 활동한다.
- 모든 수준과 행정의 영역에서 학교 행정가들은 영재교육 프로그램을 지원하고 반영하는 의사결정에 관여한다(예: 교원관리, 예산, 학생 집단 편성 형식, 스케줄 등).

2.0 모범이 되는 기준

영재교육의 책임은 영재교육 프로그램과 일반 교육 학교 전체 사이에서 강력한 관계를 필요로 하는 공통적인 것이다.

- 영재교육과 일반 교육 교원들은 서비스 전달에 있어 공통적인 책임을 갖는다.
- 행정가들은 영재교육 프로그램을 계획하고, 실시하며 평가할 때 적극적으로 관여한다.
- 영재를 포함하여, 모든 학생과 교원의 요구가 충족되었는지 학교 교원평가에서 이상의 성과를 설명한다.

지침 원리 3

영재교육 프로그램은 추종기관뿐 아니라, 유권자 및 옹호집단과의 긍정적인 활동관계를 가져야 한다.

기술(Description)

영재교육 프로그램은 학군, 지역, 주 및 국가 수준에서 주요 교육기관 및 관계자 집단과의 협동 및 제휴관계를 반영해야 한다. 학군 내에서, 리더십을 발휘하여 영재교육 프로그램 교사, 행정가, 부모와 지역사회는 함께 적극적으로 활동해야 한다. 영재교육 프로그램은 또한 지역, 주 및 국가 정책과 기준을 따라야 한다.

원리(Rationale)

만약 영재교육이 일반 교육과 그 연계를 세우려고 노력한다면, 프로그램 작성은 주요 교육기관 및 옹호 집단과 관련이 있어야 한다. 게다가 모든 협의 문제에서 프로그램 작성을 제휴해야 한다. 가장 중요한 것은 효과적인 영재교육 서비스는 양질 그리고 특히 영재교육에 대한 기준을 반영해야 한다는 점이다(Tomlinson et al., 1996).

이점(Benefits)

1. 교사, 부모와 기타 행정가 집단 지도자들 사이의 긍정적인 관계를 통해서 영재프로그램 및 바람직한 영재교육 서비스에 대한 지원을

증진한다.

2. 영재교육 프로그램은 교육기준과 정책과의 제휴를 통해서 프로그램의 안정성과 일관성을 제공한다.
3. 그 어떤 것보다 교육기관의 수월성 기준을 반영하는 영재교육 프로그램으로 인해 폭넓은 전문가 집단의 지원과 수용을 좀 더 얻는다.

잠재적인 장애(Potential Barriers)

1. 프로그램에 대한 핵심적인 의미를 흘러들이지 않은 채, 프로그램 작성상의 리더십으로 여러 관점을 정책, 절차와 의사결정에 통합할 수 있다.
2. 모든 집단은 그들 나름의 계획을 가지고 있으므로, 서로 대립되는 계획이 있을 때 공감에 이르기 어렵다.

기준과 성과

3.0 최소 기준	3.0 모범이 되는 기준
영재프로그램을 작성하는 교원은 지속적으로 부모와 의사소통을 해야 한다.	**영재교육 프로그램을 작성하는 교원은 영재교육의 주요 정책과 실제에 대한 정보를 학교 관계자, 부모와 지역사회 구성원 등에게 배포해야 한다(예: 학생 추천 및 선발, 이의 제기, 비형식적 공감, 학생 발전 사항 등).**
• 지역학군 내 영재교육 서비스와 정책을 운영하고 관리하는 것에 관한 정보를 부모에게 글로 배포하고, 말로 된 정보를 공유하는 다양한 기회가 있음을 알린다. • 지역 수준에서 부모는 비위협적인 분위기 속에서 영재교육 운영과 관리에 대한 문제 및 관심을 공유하는 기회를 갖는다.	• 프로그램 행정, 관리와 정책에 대한 정보를 여러 형태로 부모에게 배포한다. • 지역 수준에서 제공하는 영재교육 프로그램 서비스의 발달사항을 부모에게 제공한다. • 멘토십, 활동 후원을 위해 확고한 지원을 이끌어내는 노력의 일환으로 프로그램을 지역사회에 배포한다(예: 시민 집단, 사업 지도자).

기준과 성과

3.1 최소 기준	3.1 모범이 되는 기준
영재프로그램은 학교 혹은 학군의 전체 학생집단의 문화 및 사회경제적 다양성을 반영하는 지원위원회를 설립하고 활용해야 하며, 이 위원회에 부모, 지역사회 구성원, 학생과 지역 교원을 포함한다.	영재 부모들은 정기적으로 영재프로그램 코디네이터와 함께 프로그램 운영에 대한 조언을 듣고 제안을 공유할 기회를 가져야 한다.
• 프로그램을 작성할 때 영재교육 프로그램을 옹호하는 집단을 지역 의사결정에 투입하여 활용한다.	• 지역사회 전체 집단의 다양성을 적절하게 대표하는 영재교육 부모지원위원회는 정기적으로 특별 의안을 놓고 만나서 체계적으로 이를 검토하고 제안을 한다.

기준과 성과

3.2 최소 기준	3.2 모범이 되는 기준
영재교육 프로그램을 작성하는 교원은 영재교육에 귀속되는 다른 교육기관뿐 아니라 다른 현지 부서와도 의사소통을 해야 한다.	다른 교육 분야와 기관의 현재 문제 및 관심사를 고려하여 정기적으로 영재프로그램에 대한 의사결정을 내린다.
• 영재교육 관련자들에게 지역, 지구 및 주 전체적으로 영재교육에 대한 의견을 표현하는 교육위원회 및 회의에 참가할 시간을 마련하여 제공한다.	• 정기적으로 영재교육 관련자는 학군별로 논쟁이 되는 문제를 살펴보고 일부 토론에 참여한다. • 현재 검토중인 영재교육 문제를 이해할 수 있도록 주요 학교 위원회에 영재교육 대표자를 포함시킨다.

지침 원리 4

영재교육 프로그램을 작성할 때 필요한 자원과 자료를 지원하고 제공해야 한다.

기술(Description)

영재교육 서비스는 전형적으로 학년 수준에서는 포함하지 않는 자료와 자원을 지원받아야 한다. 대개, 이들 자원은 일반 교육에서 제공하는 것과는 다르다. 예를 들어, 교원들은 기준 전문가 개발 연수에서는 일반적으로 제공하지 않는 특별한 연수를 요구한다. 게다가 전통적인 교육과정은 대개 영재에게 부적절하여, 학년 수준을 벗어난 자료가 필요할 수 있다.

원리(Rationale)

유아-유치~12학년까지 사용하는 대부분 교육과정과 교수지도 자료들은 발달적으로 그 학년 수준에 있는 평균 학생들에게 적절한 것이다. 그러나 설령 있다고 하더라도, 영재의 특별한 발달특징과 그 결과로 인한 교육적 요구에 비춰보았을 때, 필요한 자료들이 부족한 실정이다. 연구에 의하면, 불행히도, 교사들은 일반적으로 차별화된 자료보다는 연령에 맞는 교수지도 자료와 책략을 사용한다(Westberg et al., 1993). 그러므로 영재를 위해 특별하게 개발한 차별화된 교육경험을 지원하기 위해서는 보충적인 자원이 필요한 것이다.

이점(Benefits)

1. 능력이 뛰어난 학생의 개념 및 발전능력에 반응해 주는 자원과 자료를 영재교육 서비스에 지원한다.
2. 적절한 자원을 위한 기금이 학교 예산에 포함되어 있을 때, 필요한 자료를 보다 쉽게 얻을 수 있다.

잠재적인 장애(Potential Barriers)

1. 의사결정을 내리는 집단은 영재교육 프로그램에서 자원이 부가적으로 필요하다는 점을 엘리트주의라고 생각할 수 있다.
2. 영재같이 학교 집단에서 차지하는 비율이 낮은 학생을 위해 특별프로그램 및 자원을 지원하려고 할 때 기금을 담당하는 기관들이 꺼려한다.
3. 영재교육 프로그램에서 사용하는 교수지도 자료를 지원할 때 우선순위에서 낮게 생각할 수 있다.

기준과 성과

4.0 최소 기준	4.0 모범이 되는 기준
프로그램의 운영을 지원하기 위해 자원을 제공해야 한다.	**프로그램의 운영을 지원하기 위해서 다양한 자원을 이용해야 한다(예: 부모, 지역사회, 직업 인사 등).**
• 최소한 만족스런 프로그램을 운영하기 위해서는 영재교육 프로그램에 자원을 배분한다. • 영재교육을 위한 자원을 일반 교육 학교예산에 포함해 놓는다. • 부적절한 자원, 특히 기금과 전문성을 갖춘 관계자가 영재프로그램의 다양성과 정도를 방해하지 않게 한다.	• 지역 및 주 예산을 통해서 영재교육 프로그램에 적절하게 기금을 제공한다. • 지역사회와 부모자원을 적절한 지원, 특히 전문가 및 멘토십 지원을 위해 마련해 놓는다. • 영재에게 학업적 및 비학업적 영역에서 적절한 수준의 도전을 주려면, 필요할 때 지역사회 자원을 제공하여 학교교원을 보충한다.

기준과 성과

4.1 최소 기준	4.1 모범이 되는 기준
영재교육 프로그램 서비스를 위한 기술적인 지원을 제공해야 한다.	**적절한 서비스를 제공하기 위해 영재교육 프로그램은 최첨단의 기술을 제공해야 한다.**
• 학습을 위한 일종의 도구로써 영재에게 기술적인 지원을 마련해 준다. • 학업적 및 비학업적 주제 영역에서 적절하게 도전적인 기술 적용을 접목해야 한다.	• 높은 수준의 기술을 영재교육 서비스에 포함시킨다. • 시각 및 기술적인 부분에서 높은 수준의 기술을 제공하며 복잡한 학습에서 영재에게 적절한 도전을 제공한다.

기준과 성과

4.2 최소 기준

영재를 위해 적절하고 광범위한 자료를 갖추고 있는 도서관을 선택한다.

- 계속 도서관 자료를 충원할 때 상이한 영재의 요구를 반영한다.
- 도서관 자원은 영재의 여러 우수한 학업적 및 비학업적 흥미를 적절하게 다루어야 한다.

4.2 모범이 되는 기준

학교에서 새로운 자료를 구매하려고 계획할 때, 영재의 요구를 반영해야 한다.

- 자료 구매를 위한 연간 계획에 영재 교육 프로그램을 포함시킨다.
- 교수지도 자료를 구매할 때 시각 및 공연예술뿐 아니라 모든 학업영역에서 차별화된 교육과정과 교수지도 선택안을 지원할 수 있도록 이를 반영한다.

제 3 장

사회-정서적 지도 및 상담

Helen L. Nevitt

> 영재교육 프로그램을 작성하려면 영재의 사회-정서적 발달을 인식하고 양육하려는 계획을 수립해야 한다.

영재의 특수한 사회-정서적 요구를 의식하고 대책을 미리 강구하는 최선의 상담 실제를 인식하는 것이 영재의 전인적인 발달을 위해 중요하다. 영재교육 프로그램을 작성할 때 적절한 서비스를 마련하여 모든 영재의 사회-정서적 요구를 양육해야 하는 그 필요성을 언급하고, 이를 교육계획으로 수립해야 한다.

지침 원리 1

영재의 독특한 사회-정서적 발달을 충족시키기 위한 차별화된 지도 노력을 제공해야 한다.

기술(Description)

전형적으로 영재는 다른 학생만큼 잘 적응하지만(Colangelo, 1997; Kerr, 1991; Robinson & Noble, 1991; Silverman, 1993), 일부 영재의 경우, 자신의 교육적 요구가 충족되지 않거나 사회-정서적 요구가 인정을 받지 못하거나 언급되지 못할 때 문제가 생길 수 있다.

원리(Rationale)

영재는 매우 다양하며 일반적으로 진로요구에서 그 범위가 넓다. 대부분 영재학생들은 같은 연령 또래가 자신만큼 빠르게 학습하지 못할 때 혹은 교사가 적절하게 도전적인 학습 활동을 제공하지 못할 때 혼란스러워 한다(Kerr, 1991). 예를 들어, 6살 때 4학년 수준의 학업 기술을 보이지만, 운동 및 사회적 기술은 같은 나이 또래 정도로, 영재는 고르지 않은 발달을 보인다(Roedell, 1989; Silverman, 1993). 어떤 영재들은 어릴 적 비일상적인 독립성 수준을 보여 부모와 교사를 좌절시키기도 한다(Maxwell, 1998). 또 어떤 영재들은 보통 아이들보다 훨씬 더 정서적으로 강렬하다(Piechowski, 1997). 소년(Alvino, 1991) 및 소녀(Reis, 1991) 영재 모두 도움이 필요하며, 특히 사회활동, 교육 혹은 진로선택이 자신의 성별과 맞지 않는다고 생각할 경우 더욱 그렇다.

이점(Benefits)

1. 영재의 사회 및 정서적 요구를 언급함으로써 영재의 학업적 요구에 보다 집중할 수 있다.

잠재적인 장애(Potential Barriers)

1. 영재가 보여주는 바람직하지 않은 행동 혹은 정서적 격렬함을 비순응적이거나 문제가 있다고 해석할 수 있다.
2. 요구를 언급해 주어야 할 때 학생이 가진 문제 혹은 논쟁거리를 "수정"하려고 노력할 수 있다.
3. 상담자가 모든 수준에서, 즉 유아-유치~12학년까지 용이하지 않아서, 영재는 말할 것도 없이 학생의 생애 계획을 세울 적에 사회-정서적 요구에 맞는 서비스를 제공하지 못한다.
4. 일반적으로 대부분 상담자는 영재의 독특한 요구를 충족시킬 수 있도록 연수를 받지 않았다.
5. 영재는 높은 수준의 비판적·분석적 사고를 하므로 이로 인해 상담자에게 도전을 줄 수도 있다.

기준과 성과

1.0 최소 기준	1.0 모범이 되는 기준
영재의 독특한 사회-정서적 발달 때문에, 영재의 특징과 사회-정서적 요구를 잘 알고 있는 상담자가 지도하고 상담 서비스를 제공해 주어야 한다.	**여러 영재의 특징과 사회-정서적 요구(예: 미성취, 다중잠재성 등)에 대해 특별한 연수를 받은 상담자가 상담 서비스를 제공해야 한다.**
• 상담자는 완벽주의, 고립감 및 기타 취약한 문제에 대해 개인적으로든 소집단으로든 영재에게 도움을 줄 수 있도록 연수를 받아야 한다. • 초기 영재교육 프로그램 서비스를 받을 때 영재의 특별한 요구에 상응하는 상담 및 지도 서비스가 있음을 알려준다. • 교육자와 부모는 영재의 고르지 않은 발달특징을 인식한다.	• 영재와 함께 활동하도록 배정된 상담자는 영재집단과 활동할 수 있도록 이에 대해 형식적인 연수를 받는다. • 상담자는 영재의 사회-정서적 요구를 보다 잘 이해하고 언급하기 위해 효과적으로 부모 및 교사와 활동을 해야 한다.

지침 원리 2

영재의 독특한 요구를 위해 특별하게 개발한 진로지도 서비스를 영재에게 제공해야 한다.

기술(Description)

영재는 대부분 학생보다 일찍 시작하여 많은 잠재적인 진로에 대해 학습해야 한다. 예를 들어, 여학생 영재들로 하여금 과학과 수학지향적인 진로를 준비할 수 있도록 도전적인 수학과정을 수강해야 한다는 그 필요성을 깨닫게 해 주어야 한다(Kerr, 1991).

원리(Rationale)

여학생 영재는 또래와 다른 진로 및 생활-계획 요구를 갖는다. 예를 들어, 영재는 여러 기술과 흥미를 가지고 있기 때문에, 여러 진로 중에서 가능한 것을 선택할 때 어려움이 있다고 보고되고 있다(Kerr, 1991). 그러나 최근 연구에 의하면, 개인적으로 집중하여 피드백을 해 주는 수준 높은 평가도구를 사용함으로써, 영재로 하여금 이전에 이해하던 것보다 자신의 능력과 좋아하는 바를 효과적으로 이해하게 하며, 상대적인 장점과 약점을 파악하도록 도와줄 수 있다(Achter, Benbow, & Lubinski, 1997).

이점(Benefits)

1. 진로에 대한 적절한 선택을 내릴 수 있도록 도움을 받은 영재는 자

신의 다중잠재성으로 결정을 내릴 때 귀중한 시간을 덜 낭비한다.

2. 적절하게 조언을 받았을 때, 영재들은 여러 상급 수준의 수학 및 과학과정에 등록하여 보다 넓고 다양하게 진로를 선택하는 좋은 위치를 선점하게 되고, 선택한 진로를 잘 추구한다.

잠재적인 장애(Potential Barriers)

1. 만일 학생의 성과 상치되는 진로에 관심을 갖는다면, 가족과 지역사회는 학생을 낙담시킬 수 있다.
2. 지원하지 못하게 하는 것을 포함하여, 다양한 진로를 고려하도록 권장하는 상담 노력에 부모들이 반대할 수 있다.

기준과 성과

2.0 최소 기준	2.0 모범이 되는 기준
영재의 독특한 강점과 일관되는 진로상담을 제공해야 한다.	**전형적인 프로그램보다는 적절하게 다르고 보다 일찍 전달해 주는 대학 및 진로지도를 영재에게 제공해야 한다.**
• 영재의 다중잠재성을 언급하는 상담책략을 실시한다. • 저학년 때부터, 영재에게 양쪽 성 모두에게 바람직한 다양한 전문성과 직업을 소개한다. • 특히, 여학생 영재를 지도하는 상담자는 중등학년에 시작하여 과학 및 수학과목을 포괄적으로 수강하도록 권장한다.	• 진로지도의 한 부분으로서, 영재는 관심을 갖고 있는 전문가를 만나고 이들이 일하는 곳에서 "그림자"처럼 따라다니며 전문가의 역할과 그 일을 파악하는 기회를 가져본다. • 영재는 성, 사회-경제적 지위, 인종 혹은 민족에 대한 고정관념보다는 자신의 잠재력과 흥미에 맞는 영역에서 전문가를 관찰하는 기회를 가진다. • 위치가 허용한다면, 고등학교는 대학 및 대학교와 파트너십을 고려하여 영재를 위한 진로지도 기회를 공유한다. • 학교는 영재에게 사사 기회를 제공하여, 여러 다양한 분야의 전문가와 접촉해 보도록 권장한다.

지침 원리 3

위험에 처해 있는 영재에게 지도와 상담을 제공하여 잠재력을 펼칠 수 있도록 돕는다.

기술(Description)

위험에 처해 있는 학생들은 학업적으로 발전할 때 장애를 보다 많이 경험할 것이므로 이들의 잠재력을 완전히 펼칠 수 있도록 도움을 주어야 한다.

원리(Rationale)

지적 능력과 고정관념화된 기대 및 기타 요인들로 인해, 위험에 처해 있는 영재들이 학교에서 영재로서 인정을 받지 못하고, 학업적으로 잘 적응할 수 없을지도 모른다. 이와 같은 학생들로는 장애를 가진 영재(Johnson, Karnes, & Carr, 1997), 소외된 영재(Olszewski-Kubilius & Scott, 1992)와 문화적으로 소수민족인 학생(Bands, 1989; Ford, 1996)들이 포함된다. 심지어 이들 학생들이 초등 및 중·고등학교에서 잘 해도, 이들의 가족들은 대학을 선택하고 대학에 지원하는 과정에서 도움을 주는 체계에 대해 충분한 지식을 갖고 있지 못할지도 모른다. 재정적 요구 혹은 재정적으로 도움을 주는 체계에 대한 인식부족으로 이들 영재들을 보다 곤란하게 할 수 있다. 특히 여자 영재의 경우, 잠재력을 펼치지 못하게 방해하는 문제가 있거나, 성취에서 만족을 이끌어내지 못하기도 한다.

이점(Benefits)

1. 위험에 처해 있는 집단에 속해 있는 영재의 학업적 요구를 인식하고 이를 적절히 언급할 때 보다 많은 도움을 받는다.
2. 모든 영재가 학교에서 성공하고 재능을 통해서 중요한 기여를 이룩하는 진로로 발전할 때 사회도 이득을 얻는다.
3. 위험에 처해 있는 영재가 이룬 커다란 성취를 보고, 능력이 많지 않다고 생각하는 집단에 대한 사회의 인식을 바람직하게 향상하도록 도움을 줄 수 있다.

잠재적인 장애(Potential Barriers)

1. 직접적으로든 간접적으로든, 부모는 고등교육이 바람직하지도 또 필요하지도 않다고 자녀들에게 전달해 줄 수 있다(McIntosh & Greenlaw, 1986). 어떤 부모들은 학생의 진로 목표에 적절하지 않은 특정 대학에 다닌다고 스트레스를 줄 수 있다.
2. 대학 지원과정에 경험이 부족한 부모는 자녀에게 적절한 도움을 줄 수 없을지도 모른다.
3. 흑인 영재들은 문화적 기대와 또래 및 교원들이 영재교육 프로그램에 참여하는 것이 흑인 영재에게 맞지 않다고 생각할 때 이 기대사이에서 상처를 받을 수 있다(Ford, 1996).

기준과 성과

3.0 최소 기준	3.0 모범이 되는 기준
위험에 처해 있는 영재에게 특별한 관심을 기울이고, 상담 및 자신의 완전한 잠재력을 깨닫도록 지원을 해 주어야 한다.	**정규 및 영재학급에서 만족스런 수행을 보여주지 못하는 영재들에게 특별한 중재 서비스를 제공해야 한다.**
• 상급수준의 학급과 진로개발을 위해서 경제적으로 소외된 영재에게 특별프로그램을 제공해야 한다. • 지적 능력보다는 다른 요소로 인해 학업을 잘 수행하지 못하는 위험에 처해 있는 영재들에게 수행을 잘 하지 못하는 바로 그 영역을 강화할 수 있도록 도움을 제공한다. • 재정적인 도움을 주거나 지원을 해주는 절차를 포함하여, 대학선정과 지원과정에서 영재에게 도움을 제공한다.	• 표준화된 시험에서 어려움을 겪는 영재들에게 시험을 치르는 기술을 지도한다. • 위험에 처해 있는 영재와 함께 활동하는 교사 및 상담자는 학생의 강점과 약점을 언급하고 영재의 다양한 요구에 따라 책략을 차별화한다.

지침 원리 4

지도와 상담 서비스를 차별화하는 것 외에 영재에게 정서적인 교육과정을 제공해야 한다.

기술(Description)

능력이 뛰어난 영재는 인지적 발달 외에도, 전인적인 발달을 증진하고 사회-정서적 요구를 언급하는 특별한 교육과정이 필요하다.

원리(Rationale)

비록 영재는 또래와 다르다는 것을 깨닫지만, 자신의 영재성에 대해서 그리고 영재성이 삶에 미치는 영향에 대해 토론할 기회가 거의 없다(Colangelo, 1997). 또래보다 지각을 잘 하는 것 등 뛰어난 능력을 가진 영재는 만약 이상의 강점을 수용하도록 도움을 받지 못할 경우, 자신이 남과 다르다는 것을 부정적으로 해석할 수 있다(Delisle, 1992). 영재는 대개 자신의 수준 밖에 있는 영역에서 위험을 감수할 수 있도록 그 방법에서 도움을 받아야 한다(Neihart, 1999). 영재는 보다 높은 학년에 있는 학생을 제외하고는, 지적 또래가 거의 없기 때문에 고통을 받을 수 있다(Delisle, 1992).

이점(Benefits)

1. 적절한 방향을 줄 때, 영재는 적절히 위험 감수하는 법을 배우고 또래보다 "잘한다"라고 우월해 하지 않으면서 자신의 능력을 평가하

는 것을 배울 수 있다.

2. 자신의 능력을 편안하게 받아들이는 영재는 긍정적으로 재능을 보다 잘 사용할 수 있다.

잠재적인 장애(Potential Barriers)

1. 학교상담 교원들은 영재 지도 및 상담에 있어 특별한 연수를 받지 않았다.

기준과 성과

4.0 최소 기준	4.0 모범이 되는 기준
차별화된 교육과정과 교수지도 서비스의 한 부분으로 영재에게 정서적 교육과정을 제공해야 한다.	**개인적/사회적 지각과 조절, 학업적 계획 및 직업과 진로지각을 잘 정의하고 실시하는 정서 교육과정을 영재에게 제공해야 한다.**
• 영재의 특별한 발달적 차이를 이해하고 수용하도록 상담을 제공한다. • 영재교육 프로그램에 처음 참여할 때, 영재는 영재로서 자신을 이해하는 활동에 참여한다. • 자신의 학업적 및 사회-정서적 문제를 해결하고 스스로를 옹호하는 방법을 영재에게 가르친다.	• 적절한 계열과 영역을 갖춘 정서적 교육과정을 개발하고, 모든 영재교육 프로그램의 수준에서, 발달 시기에 따른 영재의 정서적 요구를 적절하게 진술해 준다. • 연수받은 상담자가 영재성과 관련 있는 문제에 대해서 정규집단 토론에 참여하는 기회를 학생들에게 제공한다(특히, 사춘기 학생과 소녀 영재). • 개인적인 차이를 긍정적으로 이해하고 존중하도록 영재에게 도움을 제공한다.

지침 원리 5

차별화된 서비스에서 미성취 영재를 배제하기보다는 서비스를 제공해 주어야 한다.

기술(Description)

기대보다 심각하게 낮은 수준에서 수행을 보이는 영재가 스스로 향상될 것이라고 기대하기보다는 잘 수행할 수 있도록 교사 및 상담자가 도와주어야 한다.

원리(Rationale)

왜 영재가 미성취를 보이는지 그 이유와 상관없이, 대부분 미성취 학생들은 낮은 자아개념을 가지며 스스로를 부정적으로 생각한다(Kerr, 1991). 낮은 수행으로 인해 미성취 학생들을 특별교육 프로그램에서 제외한다면, 학생의 수행을 향상하지 못하고 스스로에 대한 부정적인 생각을 강화할 뿐이다. 이런 경우에, 학생을 보다 도전적인 위치에 옮겨놓는 것만으로도 문제를 교정하는 데 충분하다. 다른 학생에게, 이와 같은 이동은 상담 책략을 수반해야 한다.

이점(Benefits)

1. 미성취 영재가 기대하는 성취 수준을 획득하도록 도움을 주어 긍정적인 자아-효능감 및 보다 긍정적인 적응을 기할 수 있다.

잠재적인 장애(Potential Barriers)

1. 의도적으로 수행을 잘 못하는 학생이 있는 상황에 대해, 부모와 교사들은 대개 이 상황에서 자신이 할 역할을 조사하고 이를 수용하지 못한다. 학군은 이와 같은 상황에서, 미성취 학생들에게 징계를 주거나, 기대 수준 밑으로 떨어지는 수행을 보일 때 자동적으로 프로그램에서 학생을 제외하는 규칙을 설정하고 적용한다.

기준과 성과

5.0 최소 기준	5.0 모범이 되는 기준
미성취 영재를 이들의 관련 문제 때문에 영재프로그램에서 배제하지 말아야 한다.	**미성취 영재에게 미성취 관련 문제와 논쟁을 언급하는 특별지도 및 상담 서비스를 제공해야 한다.**
• 미성취 영재를 영재교육 프로그램에서 제외하기보다는 미성취 영재가 계속 서비스를 받도록 돕는 교육정책을 상담자와 교사는 옹호해야 한다. • 성취가 낮아진다면 보다 효과적으로 학생들이 활동할 수 있도록 영재부모와 상담자 및 교사는 일상적으로 만나, 이 문제를 해결하기 위한 좋은 관계를 발전시킨다.	• 서비스에서 제외시키는 것이 아니라, 미성취 문제의 복잡성에 관심을 기울일 수 있도록 영재교육 프로그램에 관여하고 있는 상담자와 교사를 돕는 현직 연수를 일상적으로 제공한다. • 학생뿐 아니라 부모 및 교사를 포함하여 미성취 영재와 함께 활동하는 협동적인 계획을 상담자는 개발한다.

제 4 장

학생 판별

Susan J. Hansford, Aimee M. Bonar,
Jeanine M. Scally, & Nicole A. Burge

적절한 교육 서비스를 결정하기 위해 영재학생을 평가해야 한다.

영재 판별에서 학생 평가는 조직적이고, 체계적이며, 계속적으로 진행하는 과정으로서, 학생의 요구를 파악하여 프로그램 선택안을 학생에게 맞추는 데 그 목적이 있다. 영재 판별의 주된 원칙으로 Callahan과 McIntire(1994)는 다음과 같은 것을 언급하였다. (1) 협소한 재능 개념을 넘어서는 평가를 사용한다. (2) 영재성의 상이한 측면을 판별하기 위해 별도의 적절한 판별 책략을 사용한다. (3) 영재성 정의의 기저가 되는 재능 구성요소를 평가하기 위해 신뢰롭고 타당한 도구와 책략을 사용한다. (4) 소외받는 집단에게 적절한 도구를 사용한다. (5) 각 학생을 개별적으로 간주하고 어느 한 가지 측정도구에서 얻은 한 가지 점수가 갖는 제한점을 인식한다. (6) 판별에 대해 다양한 측정/다양한 기준 접근법을 사용한다. (7) 판별 과정에서 매트릭스 사용이 갖는 여러 한계를 인식하고 개별 사례연구의 가치를 통찰한다. (8) 프로그램을 받을 수 있는 학생 수보다는 학생 요구와 능력에 기초하여 학생을 판별하고 배치한다.

지침 원리 1

영재교육 서비스를 받을 자격이 있는지 결정하기 위해 학생 지명에 있어 포괄적이며 일관적인 과정을 공통적으로 적용해야 한다.

기술(Description)

표준화된 시험과 기타 객관적인 측정으로 한정해서는 충분히 학생을 판별하지 못한다. 학생에 대한 여러 정보원을 통해서 능력과 요구에 대해 보다 정확한 평가를 실시한다. 영재교육 서비스에 학생을 지명하는 것은 학생의 능력에 대한 중요한 정보를 제공하는 것이다. 학생, 가족과 지역사회 구성원을 포함하여 모든 학교 교원의 참여를 증진하는 책략과 절차를 통해서 영재 판별과정과 후속 서비스를 학생들이 이용할 수 있도록 지원한다.

원리(Rationale)

포괄적인 학생 지명과정을 통해서 서비스를 받을 잠재적인 영재 학생을 제거하지 않도록 돕는다. 판별과정에서 여러 자원으로부터 지명을 받음으로써 전통적으로 시험 절차가 간과할 수 있었던 학생능력에 대한 정보를 얻을 수 있다. 부모는 학교가 아닌 환경에서 자녀의 발달과 행동에 대한 중요한 정보를 제공한다. 만일 교사 및 기타 학교 관계자가 영재성의 본질에 대해 얼마간의 연수를 받았거나 특별한 행동 혹은 특징을 제공해 줄 수 있다면, 교사 및 기타 학교 관계자의 지명도 유용하다(Borland, 1989). 성인의 지명을 참조하는 것 외에도, 연구에 의하면 학생들은 스스로 지명하거나 다른 학생을 지명하려는 바람을 표현하였고, 지명하였을 경우에도 잘못된 효과가 나타나지 않았다(Masse & Gagné, 1996). 포괄적인 지명과정을 통해서 여러 자원으로부터 얻은 정보를 기초로 영재성과 학생 특징에 대한 공통적인 이해를 도모할 수 있다. 일반적으로 적용하는 지명과정을 방해하거나 좌절시키기보다는 권장하고 지원한다.

이점(Benefits)

1. 학생 지명에 있어 포괄적이며, 일관적이고, 공통적으로 적용하는 과정을 통해서 영재학생을 보다 정확하고 공정하게 판별하게 된다.
2. 여러 정보원을 사용하기 때문에 단지 객관적인 자료만을 사용하여 간과할 수 있는 학생능력에 대한 중요한 정보를 얻을 수 있다.
3. 포괄적인 지명과정을 통해서 서비스를 받을 학생을 평가하거나 고려할 때 배제할 수 있는 잠재성 있는 영재를 생각하는 기회를 가질 수 있다.
4. 지명과정에 참여함으로써 영재의 요구를 보다 잘 이해하고 이에 민감할 수 있다.
5. 포괄적인 지명과정은 있음직하지 않은 정보원에서 비전형적인 학생을 참조하고 찾아내는 기회를 제공한다. 예를 들어, 이중 예외성을 가진 학생에 대한 특수교육 교사의 지명을 생각할 수 있다.

잠재적인 장애(Potential Barriers)

1. 영재성, 영재의 특징과 교육서비스의 요구에 대한 잘못된 인식과 오해로 인해 지명절차의 효과를 제한할 수 있다.
2. 관심사에 반응하고 잘못된 인식을 수정하기 위해서, 충분한 자원(시간, 돈, 관계자)을 폭넓게 할당해야 한다.

기준과 성과

1.0 최소 기준

학군 내 서비스를 제공하는 영역에서 영재의 특징에 대한 정보를 매년 모든 적절한 교원에게 배포해야 한다.

- 모든 적절한 교원(예: 교사, 상담자, 행정가)은 매년 학생 지명절차, 영재 특징과 영재교육 서비스에 대한 정보를 받는다. 영재성과 관련이 있는 특징과 행동에 대한 정보 및 특수한 예들을 수록함으로써, 이에 근거하여 지명할 수 있게 한다.
- 시각 및 공연예술에서 활동하는 교직원에게 그 영역에서의 영재성에 대한 정보를 매년 제공한다.
- 특수교육처럼, 특별한 프로그램 서비스 영역에서 활동하고 있는 교원에게 이중 예외성을 갖는 영재학생에 대한 정보를 제공해야 한다.
- 문서로 된 자료뿐 아니라 교원개발 활동을 포함하여 책략을 배포한다.

1.0 모범이 되는 기준

학군은 다양한 언어로, 학생 지명과정에 대한 정보를 매년 제공해야 한다.

- 학생 지명절차, 영재 특징과 영재교육 서비스에 대한 정보를 매년 가족, 지역사회 구성원 및 모든 학교 교직원을 포함하여 다양한 사람들에게 제공한다.
- 가족과 지역사회가 가장 익숙하고 의사소통을 잘할 수 있는 언어로 정보를 제공한다(예: 브로슈어, 가정통신 자료, 웹사이트 정보, 도서관 접속).
- 무용 및 음악교사처럼 지역사회 기타 강사에게도 어려운 교육전문용어가 아닌 좀 더 쉬운 용어로 정보를 제공해 준다.

기준과 성과

1.1 최소 기준	1.1 모범이 되는 기준
영재교육 서비스를 받을 초기 선발 풀을 구성할 때 잠재적으로 모든 학생들을 포함한다.	**지명과정을 지속해야 하고, 어떤 학생선발이든 어느 때에라도 실시해야 한다.**
• 모든 학생을 고려한 후 지명해 달라고 요청한다. • 시험 점수, 학교 수행 혹은 다른 기준 때문에 지명에서 학생을 제외하지 않는다. • 시각 및 공연예술 과정에 등록한 학생 이상으로 영재 풀을 확대한다. • 이중 예외성 혹은 미성취를 보이는 학생 등 특별한 집단의 영재를 선발한다.	• 지명 받을 학생의 풀에 모든 학생을 포함한다. • 일단 지명을 받으면, 학기 내 특별히 정해진 시간보다는 합리적인 시간 내에 학생을 선발한다. • 발달수준 및 연령과 관련하여 시각 및 공연예술에서 나타나는 재능 때문에, 이 영역에서 지명과정을 공개해야 한다.

기준과 성과

1.2 최소 기준	1.2 모범이 되는 기준
서비스를 위해 지명을 어떤 자원에서든지 수용해야 한다(예: 교사, 부모, 지역사회 구성원, 또래 등).	**지명절차와 양식을 다양한 언어로 이용할 수 있어야 한다.**
• 서비스를 받을 사람을 지명할 때, 특별한 절차를 사용하여 지명하도록 여러 자원에게 요청한다. • 학교자원뿐 아니라 학교가 아닌 곳에서도 쉽게 이용할 수 있도록 지명절차에 대한 정보를 다양하게 배포한다. • 방과 후 프로그램, 사설 교수, 무용, 음악 및 예술 등의 시각 및 공연예술에서도 학생을 지명하도록 요청한다.	• 지명에 대한 모든 문서 자료를 부모, 학생 혹은 지역사회 구성원들이 가장 익숙하고 쉽게 의사소통을 할 수 있는 언어로 사용하게 한다(예: 절차, 양식, 특징 정보). • 지명절차에 대한 부모 정보회의, 워크숍 혹은 세미나에서 필요할 때 지명절차를 기술해 주는 사람을 포함하여 적절한 언어로 해석해 준다. • 지명절차에 대한 정보를 일정 양식 및 그들의 전문성에 적절한 언어로 지역사회 교수들에게 제시해야 한다.

기준과 성과

1.3 최소 기준	1.3 모범이 되는 기준
부모에게 영재성과 학생 특징을 이해할 수 있도록 정보를 제공해야 한다.	**부모들이 영재성에 대해 완전한 의미를 얻도록 특별한 워크숍 혹은 세미나를 제공해야 한다.**
• 지명양식에 영재성과 영재특징에 대한 정보를 포함해 놓는다. • 부모가 요청할 때, 영재성과 영재특징에 대한 부수적인 정보를 제공한다. • 부모를 위해 학교도서관에 특히 영재성과 관련 있는 자료를 구비해 놓는다.	• 영재성의 속성에 대한 정보회의, 위크숍 혹은 세미나를 모든 부모에게 공개해야 한다. • 어떻게 영재성이 그 자체로 다양한 문화와 학교가 아닌 상황에서도 나타날 수 있는지 포괄적인 예를 제공한다. • 학기 동안 연수 기회를 제공하고 다양한 상황에서 참여와 참석을 권장한다.

지침 원리 2

영재교육 서비스를 받는 자격을 결정하는 학생 평가에서, 학생의 강점을 보여주는 다양한 능력, 재능, 장점과 요구를 측정해야 한다.

기술(Description)

자료수집 책략을 통해서 교수 계획자에게 배치 결정을 안내할 정보를 제공하였는지 확인해야 한다. 자료는 또한 교사들로 하여금 후속 교수 결정을 내릴 때 사용할 정보를 제공해야 한다. 이들 자료는 지능의 확장된 개념을 반영해야 한다.

원리(Rationale)

지능에 대한 이해의 증진으로, 영재성의 개념을 보다 넓힐 수 있다. 그러나 여전히 판별절차상에서 협소하게 영재성을 측정하는 도구에 너무 의존하고 있다(Maker, 1996). 어떤 학생 집단-특히 인종, 문화 및 민족적으로 소수민족이거나, 낮은 사회경제적 환경에 있거나, 장애를 가지거나 영어가 제2 외국어인 학생들은 대개 영재 판별과정에서 간과되고 있다. 편중의 문제(인종, 민족, 경제, 성 혹은 연령)는 잠재적으로 서비스 받을 영재를 제한해서 지명하게 할 수 있다. 측정도구상의 기술적인 정확성으로 인해 특정 영재집단에 대한 편중이 생길 수 있다(Ford, 1998). 그러므로 전 범위의 절차와 도구를 고려해야 한다. 게다가 일반적인 적성 평가는 교수지도를 적절하게 조절하려고 할 때 제한된 정보를 제공한다.

이점(Benefits)

1. 평가도구와 절차를 사용하여 강점을 보여주고, 보다 공정하게 판별하며, 이전에 간과되었던 학생이 서비스를 받을 수 있게 한다.
2. 학생 강점과 약점, 업적 및 이전 도구에 대한 특별한 반응 자료를 통해서 교수지도를 보다 효과적이며 능률적으로 할 수 있다.

잠재적인 장애(Potential Barriers)

1. 적절한 평가도구의 부족, 평가도구의 제한점과 기술적인 정확성 및 평가도구상의 편중으로 인해 여러 능력, 재능, 강점과 요구를 측정할 때 이를 제한할 수 있다.
2. 주 판별 조건들에 의거하여 평가하는 영재성의 영역, 사용하는 평가도구와 절차, 그리고 서비스를 받기 위해 충족해야 할 기준을 규제할 수 있다.

기준과 성과

2.0 최소 기준	2.0 모범이 되는 기준
학생이 가장 익숙한 언어로 필요할 때 실시할 수 있도록 규례를 갖추고 있는 평가도구를 사용하여 학생의 능력을 측정해야 한다.	**필요하다면, 학생에게 가장 익숙한 언어로 평가를 실시한다.**
• 학생이 가장 익숙한 언어로 반응하는 평가도구를 선정하고 이를 사용한다. • 필요할 때 및 적절할 때 학생의 모국어로 실시하는 평가도구와 절차를 사용한다. 만약 평가 실시자가 학생이 사용하는 특정 언어에 유창하지 않다면 이를 해석하는 사람을 활용한다.	• 형식적인 평가 이전에, 시험 평가자는 학생이 가장 익숙한 언어가 무엇인지 결정하기 위해 제2 외국어 학생들을 평가하고 나서 적절한 언어로 평가를 실시한다. • 시각 및 공연예술에서 실시하는 대안적인 평가 혹은 수행-기반 평가 절차에서도 학생이 가장 익숙한 언어나 번역 규례가 있는 것을 사용하여 평가를 실시한다.

기준과 성과

2.1 최소 기준	2.1 모범이 되는 기준
평가는 문화적으로 공정해야 한다.	**평가는 학생의 경제적 조건, 성, 발달 차이, 장애조건과 공정한 평가실제를 완화하는 기타 요인에 민감해야 한다.**
• 여러 지리학적 지역 및 다양한 집단에 대해 평가도구의 규준이 있다. • 평가도구와 책략은 전문적인 실제 기준에 일치해야 한다. • 시각 및 공연예술의 수행뿐 아니라 지적 및 학업적성을 측정할 때 사용하는 대안적인 평가들도 주어진 문화의 영재성 표현지표와 일치해야 한다.	• 평가도구와 책략은 전문적인 실제 기준에 상응해야 한다. • 상이한 학생 집단에 있어 평가도구와 책략이 적절한지, 평가도구와 책략을 선택하기 전에 평가한다. 어느 학생 집단에게도 편중되지 않는 책략과 도구들을 선택한다. • 평가절차가 개별 영재 재능의 발달적 특징과 일치해야 한다.

기준과 성과

2.2 최소 기준

학생 평가의 목적이 모든 학년 수준에 걸쳐 일관적으로 명확해야 한다.

- 초점이 되는 학생요구를 파악하고 학생의 요구에 적절한 서비스를 배정하기 위해 평가를 실시한다.
- 특정 학년 수준에서 실시하는 평가의 목적은 그 학년 수준의 발달 요구와 다른 학년 수준의 교육적인 의사결정과 일치해야 한다.
- 시각 및 공연예술에서 영재를 판별할 때 평가 접근법은 각 연령수준에서 특정 학생의 발달 단계와 일치해야 한다.
- 정책, 문서로 된 서류와 정보회의를 통해서 여러 연령수준에서의 평가 목적을 명확하게 한다.

2.2 모범이 되는 기준

학군의 영재성 영역과 학년 수준에 걸쳐 일관적으로 학생을 평가해야 한다.

- 체계적인 과정을 통해서 영재성으로 명시한 영역과 학년 수준에서 학생을 적절하게 평가해야 한다.
- 모든 학년 수준과 영재성 영역에 걸쳐 평가절차는 높은 전문적인 실제 기준에 부합되어야 한다.
- 적절하게 학생을 재평가하여, 학생의 교육적 및 발달적 요구에 맞게 차별화된 서비스를 배정해야 한다.
- 시각 및 공연예술에서 학생의 적성을 평가할 때, 드러나는 재능 문제에 민감해야 한다.

기준과 성과

2.3 최소 기준	2.3 모범이 되는 기준
학생 평가는 현재의 재능발달 단계에 민감해야 한다.	**학생 평가는 모든 단계의 재능발달에 민감해야 한다.**
• 학생의 발달수준에 적합한 평가도구를 사용함으로써, 천정효과의 제약을 받지 않고 학생의 수행과 기준을 평가해야 한다. • 시각 및 공연예술에서 성취를 평가할 때, 이들 비학문적 적성에 대한 육성이 부족하였다는 점에 민감해야 한다.	• 평가도구와 책략에 관련하여, 학생의 재능개발이 완전히 실현되지 않았기 때문에, 실현된 재능보다는 나타날 재능을 고려해야 한다. • 평가도구와 절차에서 잠재성과 현재 수행 간의 차이를 인식한다.

지침 원리 3

적절한 중재를 계획하기 위해서 개별 학생의 강점과 요구에 대한 학생 평가 프로파일을 개발해야 한다.

기술(Description)

영재성 판별을 위한 평가 패러다임에서는 하나의 점수가 갖는 제한적인 관점보다는 오히려 포괄적인 관점을 반영하여, 학생을 위해 프로그램을 제시해야 한다(Callahan & McIntire, 1994). 그러므로 프로파일은 건전한 교수지도 계획을 위해 정보를 제공하는 방식으로 학생의 강점과 약점을 그려낸다.

원리(Rationale)

영재를 선발하고 판별하는 과정에서 만약 서비스를 평가와 관련짓지 않는다면 효과적이거나 효율적이지 못하다(Mendaglio & Pyryt, 1995). 평가과정을 통해 수집된 자료는 교육과정과 교수지도상에서 후속 변화를 이끌어내야 한다.

이점(Benefits)

1. 적절한 선발과 판별과정을 통해 얻은 정보는 교육적 의사결정을 알릴 수 있고, 보다 교육적 요구에 가까운 서비스를 배정할 수 있다.

잠재적인 장애(Potential Barriers)

1. 학생에 대한 적절한 개인 프로파일을 만들고 사용하기 위해서는 다양한 정보를 수집하고, 주의 깊게 정보를 기록하며 자료를 합성하고 분석하는 능력이 요구된다.
2. 개별 학생의 자료를 수집, 조사 및 분석하기 위해서는 충분한 자원을 배정해야 한다.

기준과 성과

3.0 최소 기준	3.0 모범이 되는 기준
영재교육 프로그램 서비스가 적합한지 평가하기 위해서 각 학생별로 평가 프로파일을 개발해야 한다.	**영재교육이 필요한 모든 영재를 위해서 개별 평가계획을 개발해야 한다.**
• 프로그램을 추가로 끼워 넣을 수 있는지 그 여부가 아닌, 프로파일의 강점과 약점에서 나타나는 요구에 근거하여 학생을 배치한다. • 학군은 평가책략과 도구에서 여러 구인을 측정하고 여기서 얻은 점수를 모두 합산하는 매트릭스 과정을 사용하지 말아야 한다. • 학업영역 및 시각과 공연예술 영역에서 영재에 대한 자료를 수집하기 위해 사용하는 포트폴리오는 영재성에 대한 포괄적인 평가를 제공해야 한다.	• 개인 차이와 요구에 근거하여 다양한 평가절차와 도구를 사용한다. • 서비스를 받는 자격은 하나의 점수 혹은 단 한 가지 유형의 평가방법보다는 학생 요구에 대한 포괄적인 분석에 기초해야 한다. • 학업적 및 시각과 공연예술 모두에서 학생에 대한 개인 사례연구를 개발한다.

기준과 성과

3.1 최소 기준	3.1 모범이 되는 기준
평가 프로파일은 독특한 학습 특징, 잠재성 및 수행 수준을 반영해야 한다.	**평가 프로파일은 영재의 흥미, 학습스타일과 교육적 요구를 반영해야 한다.**
• 평가 프로파일은 계획한 것 및 현재 기능 외에도, 영재의 학습 특징에 대한 정보를 제공한다.	• 평가 프로파일은 개별 영재의 독특성을 반영한다. • 평가도구와 절차는 개별 학생의 특별한 요구를 결정짓는 관련 정보를 제공한다.

지침 원리 4

모든 학생 판별절차와 도구는 현재의 이론과 연구에 기초해야 한다.

기술(Description)

현재의 문헌을 살펴봄으로써, 판별절차와 도구를 조사해야 한다. 학군의 학생집단과 평가하는 구인에 대한 판별절차 및 도구의 적합성을 결정짓기 위해서, 판별절차와 도구를 사용하기 전에 문헌조사에서 이를 개관해야 한다. 평가도구로써 사용하려면, 영재에게 특별히 적합하다는 최선의 실제 및 연구를 반영해야 하고, 또한 전문적인 기준에도 상응해야 한다.

원리(Rationale)

영재교육 및 심리학 분야의 연구 문헌들은 계속해서 변화하는 판별절차와 도구에 대한 정보를 제공한다. 만약 가장 최근의 정보를 적용할 수 없다면, 구식의 판별도구 혹은 판별절차로 인해, 학생을 유실하는 결과를 초래할 수 있다. 새로운 정보와 통찰에 따라, 영재성과 재능에 대한 개념, 평가도구의 신뢰성 및 타당성에 대한 이해를 확대함으로써, 평가 및 판별에서 사용하는 정의와 방법을 재배정해야 한다.

이점(Benefits)

1. 학생 판별절차와 도구에 대한 결정을 돕기 위해 현재의 이론과 연구를 사용함으로써 학군에서 사용하는 절차가 학생들에게 적절한

지 확인한다.

2. 현재 연구를 검토함으로써 전통적으로 간과되었던 영재를 적절하게 평가하는 그 가능성을 향상시키는 새롭고 수정된 절차와 도구를 마련한다.

잠재적인 장애(Potential Barriers)

1. 현재의 이론과 연구를 이용하는 것이 어떤 이론에서는 어려울지도 모른다.
2. 신속한 결정, 판별 실제의 용이함, 결정에서 프로그램에 의존하다 보면, 판별 책략에 대한 철저한 조사 및 분석을 방해할 수 있다.

기준과 성과

4.0 최소 기준	4.0 모범이 되는 기준
하나의 평가도구 혹은 그 결과로 영재프로그램 서비스에 대한 학생의 자격을 부정하지 말아야 한다.	**여러 평가 방법과 자원을 통해서 학생 평가자료를 얻어야 한다.**
• 하나의 평가도구 및 절차에서 얻은 결과로 인해 학생을 자동적으로 배제하지 않도록, 학생의 자격에 대해 하나 이상의 "경로"를 제공한다. • 학생 수행과 시각 및 공연예술 능력은 한 시기에 나타나는 적성이라기보다는 시간에 걸쳐 나타나는 활동이다.	• 학군은 잠재적으로 영재성이 있는 학생을 판별할 때 여러 방식을 허용하는 균형적으로 조합된 책략을 사용한다. 여러 정보자료에 근거하여 배치결정을 내린다. • 시각 및 공연예술에서는 여러 접근법으로 수집한 다양한 재능을 통합하여 평가한다.

기준과 성과

4.1 최소 기준

모든 평가도구는 의도한 목적과 초점이 되는 학생에게 신뢰롭고 타당한 증거를 제공해야 한다.

- 영재성 판별에서 의도한 바대로 평가도구와 절차를 사용하려면, 신뢰도와 타당도에 기초하여 평가도구와 절차를 선택한다.
- 어느 평가방법 및 도구의 기술적인 정확성을 평가하든지, 학군은 저자 및 출판사가 제공하는 자료 외에 방법 혹은 도구에 대한 연구자료를 활용해야 한다.
- 평가도구를 재규준화하거나 오래된 것이라면, 평가도구의 사용을 재고한다.
- 시각 및 공연예술의 재능에서 수행 및 활동을 평가할 때, 최소한 전문 평가자간에 신뢰도를 설정한다.

4.1 모범이 되는 기준

학생 평가자료에서 신뢰롭고 타당하도록 양적 및 질적 자료가 균형을 이뤄야 한다.

- 학생 평가에서 학업적 및 비학업적 자료원, 형식적 및 비형식적 책략, 표준화된 및 비표준화된 평가, 주관적인 및 객관적인 자료와 질적 및 양적 자료들은 균형을 이루어야 한다.
- 학군은 학교 상황에서 영재를 판별할 목적으로 각 평가도구와 절차의 신뢰도와 타당도를 명시한다.

지침 원리 5

최소한 정보에 근거하여 동의, 학생 보유, 학생 재평가, 학생 종료 및 이의 제기 절차에 대한 규정을 학생 판별에 대한 문서 절차로서 마련해 두어야 한다.

기술(Description)

분명하게 명시한 절차에 의거하여 학생 판별과 학생배정을 이끌어주어야 한다. 모든 절차는 학생의 권리를 보호해야 한다. 정보에 근거한 동의와 이의 제기 과정 외에도, 판별, 평가 및 배정에 관계된 결정에 대한 특별한 절차를 마련해 놓아야 한다. 모든 절차를 문서양식으로 작성하여 부모 및 다른 관계자에게 제공해야 한다.

원리(Rationale)

비록 지난 4반세기 동안 연방법을 통해서, 특별교육에 대한 이수를 의무 과정으로 칭하였으나, 영재가 모든 주에서 똑같은 보호를 받는 것은 아니다. 이와 같은 입법의 부재로, 학교는 항상 서비스와 관련된 문제와 의무적인 과정을 부정하고, 영재를 판별하고 서비스를 제공할 때 마땅히 해야 하는 그만큼 바쁘게 움직이지 않는다.

이점(Benefits)

1. 학생 판별, 배치결정, 정보에 근거한 동의 및 이의 제기에 대한 특

별한 절차를 명확하게 함으로써 학생을 보다 공정하고, 적절하게 판별하고 배치하는 결과를 가져올 수 있다.

2. 부모를 포함하여, 모든 관계자들에게 문서로 작성한 절차를 제공함으로써 교육적 의사결정 과정을 지지할 수 있다.

잠재적인 장애(Potential Barriers)

1. 일부 학교는, 그 학군에 있는 가정들이 다양한 외국어를 사용한다는 점 때문에, 모든 판별절차를 문서로 작성하는 것에 대해 부담스러워 한다.

기준과 성과

5.0 최소 기준	5.0 모범이 되는 기준
학군 영재프로그램 지침에 특별한 절차를 마련하여, 초등·중고등학교 수준 동안 최소한 한 번 학생 평가를 실시한다.	**판별목적상 신뢰롭고 타당한 적정 증거를 갖춘 균형적인 질적, 양적 측정을 사용하여 학생 배치 자료를 수집해야 한다.**
• 현재의 학생 요구를 측정하기 위해서는 학생 평가는 발달단계와 일치해야 한다. • 초등·중고등학교 수준에서 최소한 한 번 평가를 실시하여 단 한 번의 판별절차로 인해 영재가 유실되지 않도록 한다.	• 학생 배치에서 학생의 요구와 관련 있는 정보를 수집한다. • 신뢰롭고 타당한 증거를 제공하는 균형잡힌 다양한 측정에 기초하여, 학생의 교육적 요구를 파악하고, 학생을 배치한다. • 학생을 평가하고 배치하는 과정 동안, 수집한 자료를 각 판별과 평가 학생별로 문서로 기록해 놓는다. • 학교는 평가 및 배치과정에 대한 기록을 보관하며 부모가 요구할 때 제공한다.

기준과 성과

5.1 최소 기준	5.1 모범이 되는 기준
부모 이의 제기에 대한 지침을 포함하여, 학생 보유 및 종료에 대한 특별한 절차를 학군 지침에 마련해 놓는다.	**학군 지침과 절차를 개관하고 필요할 때 개정한다.**
• 서비스 배치, 실시 및 종료 등에 대한 특별한 기준을 적용한다. • 이상의 기준들은 특권이 아니므로, 서비스에 대한 자격관리와 평가한 요구에 맞게 서비스를 배정하는 데 주안점을 두고 이를 반영해야 한다. • 평가 결과, 제안한 교육 서비스 혹은 배치 변경에 대해 부모가 동의하지 않을 경우, 부모는 분명하게 명시한 학군 지침에 의거하여 자신의 결정을 제기할 수 있다.	• 학군은 정규적으로 학생 판별과 배치절차를 평가한다. • 절차의 모든 면을 평가한다. 즉, 절차의 정확성, 절차의 실행과 절차의 효율성. • 평가 결과를 문서 양식으로 기록해 놓는다. • 평가자료에서 나타난 바대로, 절차를 개정할 때 이를 사용한다. • 절차를 개정할 때, 가장 최근의 실제와 실험결과의 사용가능성을 반영한다.

제 5 장

교육과정과 교수지도

Kimberley Chandler

영재의 독특한 요구에 맞게 방향 지워진 교육과정과 교수지도 기회를 영재교육 서비스에 포함해야 한다.

영재교육 서비스에 영재의 특별한 요구에 맞게 방향 지워진 교육과정과 교수지도 기회를 포함해 놓는다. "영재교육 내 교육과정 영역보다 영재교육의 핵심개념을 잘 파악할 수 있는 다른 주요 영역은 없다"(Van-Tassel-Baska, 1998, p. 339). 학교 환경이 학생의 독특한 요구에 반응하려면, 실제자들은 재능개발 과정을 조성하는 교육과정의 결정적인 역할을 이해하고 지원해야 한다. Maker(1982)에 의하면, "영재를 위한 학교 교육과정은 영재가 아닌 학생을 위한 프로그램과는 질적으로 다르다"(p. 3).

지침 원리 1

유아-유치~12학년을 망라하여 영재를 위한 차별화된 교육과정을 실시해야 한다.

기술(Description)

차별화된 교육과정을 실시함으로써, 모든 학교 교육 수준에서 영재의 특별한 요구를 언급할 수 있다. 차별화에는 내용, 과정, 결과 및 학습 환경에 대한 수정이 포함된다(Tomlinson, 1999).

원리(Rationale)

영재는 인지 및 정서적 영역에서 특별한 행동적 특징을 가지므로, 이를 교육과정 차별화를 통해서 언급해야 한다(VanTassel-Baska, 1998). 차별화는 개인차를 존중하는 환경에서 학생의 지속적인 성장을 증진하고 특별한 특징을 언급하는 일종의 수단을 제공한다(Tomlinson, 1999).

이점(Benefits)

1. 영재의 지속적인 발달은 차별화된 교육과정과 교수지도를 모든 학년 수준에 걸쳐 실시할 때 증진된다.
2. 일반 교육과정에서 영재가 들어가고 나가는 시기는 모든 발달수준마다 다르다. 그러므로 교육과정 차별화를 통해서 모든 학년 수준에서 필요한 수정을 제공한다.

3. 내용 및 기술을 초기에 완전학습하고 지속적인 발달을 할 수 있도록 모든 학년 수준에서 한결같이 높은 수준의 학습 속도를 유도한다.

잠재적인 장애(Potential Barriers)

1. 차별화라는 용어 정의가 다양하다.
2. 모든 학급수준에서, 교사의 내용지식, 특별방법에 대한 연수, 그리고 다양한 학생 재능범위에 대한 지식 부족 등이 문제로 제기되고 있다(Gallagher, 1985).

기준과 성과

1.0 최소 기준	1.0 모범이 되는 기준
영재를 위한 차별화된 교육과정(영재의 독특한 학습요구를 언급하는 교육과정 및 교수지도에 대한 조정)을 학군 전역에서 통합하고 명확하게 한다.	**모든 학년 수준과 모든 과목 영역에서 교육과정 영역과 계열을 잘 정의하고 실시하여 명확하게 한다.**
• 학교 및 학군 리더십을 발휘하여 교육과정 관련 정책과 절차를 수정하고, 차별화를 지지해야 한다. • 차별화된 교육과정을 교수 단원 혹은 학교 수준보다는 학군 수준에서 발전시킨다. • 차별화된 교육과정을 핵심영역, 창의성, 리더십과 시각 및 공연예술에서 실시한다.	• 교육과정 영역과 계열을 통해서 주어진 학년 수준에서 어떻게 교육과정 차별화가 이전 및 후속 학습경험을 연계하는지 명확하게 한다. • 미술 그리고 음악처럼, 차별화된 프로그램에 따라 특화한 연구프로그램과 시각 및 공연예술의 관계를 명확하게 한다.

지침 원리 2

독특한 영재의 요구를 충족시키기 위해 정규학급의 교육과정과 교수지도를 조절, 수정 및 대체한다.

기술(Description)

영재의 요구를 충족하기 위해서는 교육과정 자료수준과 관련 교수방법이 중요하다. "영재를 위한 특별 프로그램에서 강조하는 것은 창의성, 독창성, 문제해결 사고과정에 대한 자극, 그리고 내용의 깊이와 미묘함을 증진하는 것이다"(Gallagher, 1985, p. 82). 이들 요소들을 마찬가지로 모든 학생을 위한 프로그램에서도 제시해야 하지만, 영재에 있어 차이점은 보다 그 깊이가 깊고, 복잡한 것 등에 대한 요구와 관련된다.

원리(Rationale)

교육과정 압축을 지지하면서, Reis, Burns와 Renzulli(1992)는 정규학급에서 영재가 직면하는 몇 가지 문제를 보여주었다. (1) 교과서의 개념 수준이 낮고, (2) 학생이 교과서 내용을 이미 알고 있고 그 결과 내용이 반복되며, (3) 교사들이 높은 능력을 가진 학생의 요구를 충족하지 못하는 것 등이다. 영재를 위한 프로그램 실제라고 제안하는 것을 분석하여, Shore와 Delcourt(1996)는 높은 수준의 교육과정 자료를 사용하는 것이 바로 영재교육에서 적절하다고 연구 지지를 보내는 5개 실제들 중 하나라고 하였다. VanTassel-Baska(1994)는 세계에 통용되는 기준에 대한 연계성과 학생 능력을 증진하는 발달적 관점에 대한 인식을 연합하는 접근법을 옹호하였다.

이점(Benefits)

1. 교육과정 및 교수지도의 조정과 수정을 통해서 영재들로 하여금 자신의 완전한 잠재력을 깨닫게 한다.
2. 교육과정과 교수지도를 수정해 줌으로써 영재에게 반복에서 오는 지루함을 줄일 수 있다.
3. 영재를 위한 특별수정이 갖는 또 다른 이점은 교사들이 영재와 함께 활동하는 기술과 방법론을 개발할 때, 교사의 전문성을 신장하게 된다는 점이다.
4. 교육과정과 교수지도를 수정하고 조정하는 교사는 새로운 학습목표를 설정하기 위해 학생의 발달을 평가한다.

잠재적인 장애(Potential Barriers)

1. 교사연수 등의 시간이 필요하므로, 영재를 위해 적절한 교육과정과 교수지도를 개발하고 사용할 때 장애가 될 수 있다.
2. 형평성에 대한 강조 때문에, 모든 학생이 아닌, 일부에게 특별 프로그램을 제공한다는 반대를 이끌어낼 수 있다. 이것으로 영재프로그램에 대한 예산을 점차적으로 삭감하게 되고 심지어 서비스의 중단을 가져올지도 모른다.

기준과 성과

2.0 최소 기준	2.0 모범이 되는 기준
영재에게 제공하는 교수, 목적과 책략들을 정규학급에 있는 것들과 체계적으로 차별화해야 한다.	정규학급에서 영재에게 도전을 주는 목적, 내용과 자원을 학군 교육과정 계획에 포함해 놓아야 한다.
• 영재교육 프로그램에 참여하는 사람들은 차별화 요소와 관련하여 경험과 연수를 받아야 한다. • 시각 및 공연예술과 기술 분야를 포함하여, 학급 내에서 이뤄지는 모든 과목과 내용 영역에 차별화를 적용한다. • 연수와 학습활동을 어느 정도로 결정할지 계획하는 진단-처방적인 접근법을 어느 학생에게든지 적절하게 차별화해야 한다.	• 교수 구성요소로서 내용, 과정 및 산출물을 강조하고, 프로그램이 기초하고 있는 교육과정 모델, 교육과정 목적 및 자원을 기술한다. • 학군 교육과정 계획을 문서로 작성하여 영재교육 프로그램의 방향과 목적에 대한 의식을 고무한다. 계획은 영재에게 적합한 교육과정에서 구분되는 것이 무엇인지 그 본질에 대해 전달해 주어야 한다. • 교육적 계획은 기술과 시각 및 공연예술뿐 아니라 모든 과목 영역을 포함한다.

기준과 성과

2.1 최소 기준

교사는 보다 높은 수준의 학습목표를 촉진하기 위해 교육과정을 차별화하고, 대체하고, 보충하거나 수정해야 한다.

- 보다 높은 수준의 학습목표를 촉진하는 질적 변화에는 교육과정 압축과 내용, 과정, 산출물 및 학습 환경에 대한 후속 수정을 포함해 놓아야 한다.
- 차별화는 부수적이라기보다는 학년 수준에서 기대하는 바를 대신하여 생기는 것이다.

2.1 모범이 되는 기준

교사는 영재를 위해 모든 과목에서 교육과정의 차별화를 계획하고 개발하는 책임이 있다.

- 분명하고 명확한 교육과정 목표와 목적이 영재를 위한 차별화 교수지도의 참조틀이다.
- 영역과 계열 및 단원계획을 하는 참조틀에 따라 학군 전체에서 차별화를 이끌어낸다.
- 학생의 학습스타일뿐 아니라 강점, 흥미, 능력과 성취수준에 기초하여 교사는 수정을 한다.
- 교육과정의 시작과 종결 지점을 일정 간격을 두고 학생을 위해 마련한다.

기준과 성과

2.2 최소 기준	2.2 모범이 되는 기준
본질적인 정규 교육과정 개념과 과정에서 능숙함을 보여주는 수단을 마련하여 적절한 학업 속진을 촉진한다.	학습수준과 학습의 속진속도를 평가하는 교수지도를 명시하여 영재를 위한 계획이 개별 학생의 특별한 요구에 근거하고 있음을 보여주어야 한다.
• 속진에 월반, 과목 속진, 조기 입학 혹은 이중 등록 프로그램 같은 선택안을 포함해 놓는다. • 학군 프로토콜을 마련하여, 속진을 실시하는 과정을 언급해 놓는다. • 학군은 이용할 수 있는 선택안과 방법을 명료하게 하고, 이를 통해서 이상의 선택안에 참여할 학생을 선발한다. • 진단시험, 수행-기반 평가 및 완전학습 정도에 대한 관찰 등이 학생의 능숙함과 본질적인 기술을 알아볼 때 사용하는 기술들이다. • 속진을 촉진하는 지침에 학업능력, 학생의 지적 및 사회적응에 대한 평가, 가족 역동성과 학생을 지원하는 학군의 역량에 대한 고려를 포함해 놓는다.	• 개별 학습자를 위한 핵심 교육과정 내용을 수정하기 위해서 진단-처방적 접근법을 사용할 수 있다. • 교육과정과 학습의 속진속도 면에서 적당한 시작과 종결 시점을 모든 과목, 학업 및 비학업적 영역에서 영재교육을 위해 조절한다.

기준과 성과

2.3 최소 기준	2.3 모범이 되는 기준
영재의 기본적인 기술과 지식 면에서 그 능숙도를 평가하고 능숙도가 나타나면 대안적인 도전이 되는 교육 기회를 제공한다.	모든 표준 학습과정에서 영재의 능숙도를 평가하고 보다 도전적인 교육기회를 그 다음에 제공한다.
• 영재의 요구를 충족시킬 때 학생 학습 문제에 대한 융통성이 필요하다. • 기본적인 기술 영역에서 유능성이 나타날 때 프로그램 선택안 메뉴를 이용할 수 있다. • 이전에 완전학습한 자료를 점검함으로써 영재들이 지속적으로 발달할 수 있도록 허용한다.	• 모든 표준 학습과정에서 능숙한 학생을 평가하는 프로토콜을 사용하여 선택적 서비스의 배정을 결정한다. • 개별 학생들이 보여주는 능력, 준비도 및 동기를 선택적 기회에 배정하기 전에 고려한다. • 표준 학습과정에서 능숙도를 보이는 학생에게 서비스를 제공하는 접근법으로서 집단 편성 실제와 속진을 모두 사용할 수 있다.

지침 원리 3

교수지도 속도를 융통적으로 하여 적절하게 영재의 속진학습을 허용한다.

기술(Description)

속도는 교수지도의 정도 혹은 템포를 말한다. 영재는 안락하며 자신의 정신적 처리에 맞는 속도로 활동해 나가야 한다. 교수지도 속도를 융통적으로 하여 학생들이 도전받고 또한 아이디어와 정보처리에 대해 생각할 시간을 주어야 한다.

원리(Rationale)

영재는 상이한 속도로 학습하며 사고하는 능력 수준에서도 다르다(Tomlinson, 1999). 교수지도 속도를 다르게 하는 것이 영재에게 적절한 교육과정을 전달하는 중요한 책략이다. 학습 속도의 차별화는 영재에게 학습에 대한 여러 길을 제공한다(Tomlinson, 1999). 적절한 속도는 대개 이미 알고 있는 자료를 간단하게 살펴보거나 학습 초기에 핵심개념을 요약하고(VanTassel-Baska, 1992), 그리고 나서 학생들로 하여금 자신의 속도대로 학습하도록 허용하는 것과 관계가 있다.

이점(Benefits)

1. 교수지도 속도가 융통적일 때, 기본적인 기술과 개념에 시간을 적

게 소비하므로 속진, 깊이 있는 학습이 가능해진다.

2. 융통적인 교수지도 속도를 통해 교수목적, 교육과정, 환경 및 학생 요구 사이에 적절한 적합성을 허용할 수 있다.

잠재적인 장애(Potential Barriers)

1. 속진으로 인해 교실관리가 장애를 받을 수 있다.
2. 일부 학군의 교수실제 혹은 관리 책략 때문에, 상이한 속도로 교육과정을 이동해 나가는 학생들을 제한한다.
3. 학생들이 동일한 연령의 또래보다 앞서서 빠르게 나아가지 않도록 부모가 염려를 하는데, 이것이 융통적인 속도 실제에 장애가 될 수 있다.

기준과 성과

3.0 최소 기준	3.0 모범이 되는 기준
영재의 속진학습 속도와 높은 수준의 지적과정을 반영하기 위해서 적절하게 차별화된 교수책략과 상급수준의 내용으로 프로그램을 구성해야 한다.	적정학습에 대한 충분한 최고 한도를 허용하고 보장하는 한편, 교육과정 속진에 대한 지속적인 기회를 영재의 강점과 흥미영역에서 제공해야 한다.
• 영재를 위한 교수환경의 질을 증진 또는 제한하는 행정적인 사항을 교수책략을 선택할 때 고려한다. • 영재의 요구를 충족하기에 가장 적절해 보이는 상급수준의 내용을 차별화된 교수책략으로 가르친다. • 교수지도 속도를 내용의 복잡성 정도에 따라 조절한다.	• 독립연구, 조기 입학, 조기 졸업, 이중 등록과 AP(Advanced Placement) 등을 포함하여 영재교육과정에서 가장 적절한 시작과 종결 시점을 평가한다. • 어느 영재에게든지 연령은 교수지도 속도를 결정하는 유일한 요소가 아니다. • 차별화한 학습경험은 속도에서의 개인 차이, 학습에 대한 접근법과 학생의 표현양식에 민감하다(Tomlinson, 1999). • 예외적이며 심오한 영재의 요구를, 월반, 부수적인 과목 속진을 포함하여, 급진적인 교수지도 속도의 조절을 통해서 충족할 수 있다.

지침 원리 4

과목 속진 및 월반의 교육 기회를 영재에게 제공해야 한다.

기술(Description)

과목 속진과 월반은 속진의 두 가지 형태이다. 과목 속진과 월반은 영재의 준비도와 요구에 맞는 수준에서 교육과정과 서비스를 제공하기 위해 사용할 수 있다. 속진에 있어 "개인에 맞는 특정 교육과정 혹은 학습경험에 접근할 적에는 연령보다는 유능성을 활용하여 결정"한다(Benbow, 1998, p. 281).

원리(Rationale)

영재는 한 개 이상의 영역에서 높은 지적발달을 보인다. 영재는 학년-수준을 넘어서는 지식을 가지고 교육과정을 경험한다. 영재는 들어오는 시기부터 발달할 수 있으므로(Tomlinson, 1999), 학년 수준에 대한 배정을 연령보다는 다른 요인으로 결정해야 한다.

여러 연구들은 긍정적인 성취동기와 지속적으로 복잡한 과제에 노출함으로써 재능 발전을 권장하는 것이 중요하다는 것을 보여주고 있다. 예를 들어, 핵심개념과 원리는 학습을 확장하도록 이끌어 주기 때문에, 영재들로 하여금 연구주제에 대한 연계성을 만들게 돕는다(Tomlinson, 1999).

이점(Benefits)

1. 속진을 통해서 영재들은 사회적으로든 정서적으로든 준비가 되었을 때 자신의 준비도와 요구에 상응하는 속도로 발전할 수 있다.
2. 과목 속진과 월반은 영재에게 적절한 교수지도 수준에 배정될 수 있도록 허용하는 일종의 선택안이다.
3. 융통적인 속진체계는 영재들에게 완전학습한 자료에 기초하여 그 기본적인 교육과정을 넘어서 발전해 나가는 기회를 제공한다.

잠재적인 장애(Potential Barriers)

1. 속진을 반대하는 교사 및 부모로 인해 어린 나이에 높은 교육과정으로 학생을 올려 보내지 않고 유보할 수 있다.
2. 학년을 뛰어 넘을 때 학생의 사회적 및 정서적 발달에 대해 염려를 한다.
3. 과목 속진은 기본적으로 과목에서 생길 수 있는 격차에 대한 염려를 낳을 수 있다.
4. 속진 절차를 실시할 때, 행정가들은 아이디어를 효율적인 실제로 전환하는, 그 운영 가능성에 대해 염려한다.
5. 일종의 서비스를 전달하는 모델인 속진에서 속도와 내용에 변화를 주지 않기 때문에, 대개 영재에게 필요한 차별화된 교육과정을 제공하지 못하였다. 학생들은 단순히 보다 어린 나이에 과정을 수강하는 것이다(Schiever & Maker, 1989).

기준과 성과

4.0 최소 기준	4.0 모범이 되는 기준
내용속진과 학년속진을 진행하거나 제한하는 결정을 충분히 평가한 후에 고려해야 한다.	**내용과 학년 수준의 부분적 혹은 전면적인 속진 가능성을 이를 필요로 하는 학생들에게 제공해야 한다.**
• 시작과 종결점을 결정하기 위해 준비도 수준을 평가한다. • 인지적 및 심리-사회적 발달을 완전히 이해하고 학생의 교수수준에 따라 영재를 배정한다. • 일반적인 지적 능력, 추상적 상징체계를 조작하는 능력, 지적 및 학업 기능 수준, 성취동기, 적응 문제 및 학업적 준비 등 다양한 요인에 기초하여 내용과 학년속진을 결정한다 (Benbow, 1998).	• 교사는 복잡성과 추상적인 교육과정을 통해 적절하게 영재에게 도전을 주는 학습경험을 마련한다. • 모범적인 속진 프로그램은 부수적인 심화 요소, 상담, 융통적인 집단편성과 개별화를 포함한다.

지침 원리 5

영재를 위한 학습기회를 차별화된 교육과정 선택안, 교수지도 접근법과 자원 자료의 연속체로 구성해야 한다.

기술(Description)

영재를 위한 차별화된 학습경험에서는 특히 흥미, 능력수준, 준비도 및 학습 요구에 반응하여 그 내용, 과정과 산출물을 수정하는 다양한 접근법을 계획하고 실시해야 한다(Tomlinson, 1995). 차별화된 학습경험에서는 학생의 상이한 학습스타일, 흥미, 교수속도와 관련하여 상이하고 복잡한 수준의 내용을 제공한다(Tomlinson, 1999). 그러므로 영재를 위한 효과적인 프로그램 접근법을 세 가지 요소의 결합으로 보아야 한다. 즉, 속진 접근법에서의 교수지도는 학생의 유능성 수준에 적합한 것이다. 심화 접근법에서는 보충자료를 연구할 기회를 제공하고, 개별화 접근법에서의 교수지도는 특히 학생의 성취, 능력과 흥미에 부합하게 된다(Feldhusen, 1998).

원리(Rationale)

영재에게는 정보를 취하고, 아이디어를 지각하고, 학습한 것을 표현하는 여러 선택안이 필요하다(Tomlinson, 1995). 교육과정 선택안을 지원하는 특별한 책략들로 다음과 같은 것이 포함된다. 속진, 능력별 집단 편성, 수준 높은 교육과정 자료, 진로교육과 학업 및 정서적 성과에 영향을 미치는 프로그램 규정이 그것이다(Shore & Delcourt, 1996). 그러나 프로그램에 대한 단 하나의 양식으로 모든 영재의 요구를 효과적으로 충족시킬 수는 없다. 그러므로 차별화된 교육과정 선택안, 교수 접근법과 자원 자료의 연속체를 통해서 영재집단 내 다양한 학생의 요구를 충족시켜야 한다.

이점(Benefits)

1. 교육과정을 수정하는 여러 접근법을 통해서 영재들에게 가장 적절한 교육과정 경험을 제공할 수 있다.
2. 차별화된 교육과정 선택안, 교수지도 접근법과 자원 자료의 연속체는 다양한 학생 흥미, 학습스타일과 능력을 지원한다.

잠재적인 장애(Potential Barriers)

1. 영재에게 가장 중요한 교육적인 규정을 현실적으로 실제에서는 이용할 수 없을지도 모른다.
2. 일반 교육 프로그램에서는 기본적인 기술 지도를 강조하고 있기 때문에, 영재를 위한 연속체 및 선택안 메뉴는 말할 것도 없이, 어떤 적절한 선택안도 포함하지 않을 수 있다.

기준과 성과

5.0 최소 기준	5.0 모범이 되는 기준
여러 교육과정 선택안, 교수지도 책략과 자료들로 학습경험을 다양하고 적절하게 구성해야 한다.	**각 학생들에게 적절한 서비스 선택안을 제공하여 평가하는 수준과 수준 높은 학습 속도에서 활동할 수 있게 한다.**
• 교육과정 선택안, 교수지도 책략과 자료를 선택하는 기준은 영재에 대한 적합성 연구에 기초해야 한다.	• 평가와 교수지도는 서로 분리할 수 없다. • 적절한 서비스 선택안을 제공하려면, 영재의 교수지도 수준을 평가하는 여러 접근법을 사용한다.

기준과 성과

5.1 최소 기준	5.1 모범이 되는 기준
융통적으로 교수지도 배열(예: 특별학급, 세미나, 자료실, 멘토십, 독립연구와 연구 프로젝트)을 활용해야 한다.	학생의 흥미, 준비도 및 학습스타일에 맞는 교육경험을 제공하기 위해서, 유아-유치~12학년 프로그램을 망라하여 차별화된 교육 프로그램 교육과정을 수정해야 한다.
• 융통적으로 교수지도 배열을 함으로써 영재를 위해 교육과정을 조정하는 수단을 마련한다. 즉, 융통적인 교수지도 배열은 차별화된 연구 프로그램을 위한 기회를 제공한다.	• 영재가 학습하는 여러 방식과 학습한 것을 보여주는 방식에 있어 여러 상이한 교육과정과 교수지도 접근법이 있다.

제 6 장

전문성 개발

Mary S. Landrum

영재교사는 영재교육에서 특별한 준비가 되어 있고, 차별화된 내용과 교수방법에서 전문성을 갖추고 있으며, 지속적으로 전문성 개발에 참여하여, 모범이 되는 성격과 전문가적 자질을 가지고 있는 전문가가 제공하는 서비스를 받아야 한다.

초기 교원 준비 프로그램을 통해서 교육자들에게 영재를 위한 지식기반과 기술을 제공해야 한다. 개인이 담당하는 전문가의 역할에 따라서 초기 연수의 범위가 다양해진다. 그러므로 영재교육에서 계속적이며 포괄적인 교원개발 프로그램을 마련하여 최선의 실제를 만들고, 업데이트를 하여 기존 지식과 기술을 증진해야 한다.

지침 원리 1

포괄적인 교원개발 프로그램을 영재교육에 참여하고 있는 모든 교원에게 제공해야 한다.

기술(Description)

전문성 개발은 계속 진행되는 체계적인 과정이다. 교원은 이전 지식, 경험 및 정보의 필요성에 따라, 영재교육에서 자신의 전문적인 역할과 관련이 있는 전문성 개발활동에 참여한다.

원리(Rationale)

연구에 의하면, 예비교사들은 대개 영재교육과 관련하여 전문적인 유능성을 개발하지 않는다. 그러나 유능성은 영재교육 영역에서 전문성 개발을 통해 증진된다(Tomlinson, Bland, Moon, & Callahan, 1994). 대부분 학교는 교원의 전문성 개발요구가 다양하고, 교원들은 자신의 요구와 기존의 지식기반에 따라 서로 상이한 때에 교원개발 프로그램에 참여한다는 점을 인식하면서(Roberts & Roberts, 1986), 교원개발 노력의 일환으로 영재교육에 대한 교사연수를 제공해야 하는 필요성이 제기되고 있다. 한 번의 서비스 활동으로 양질의 교원을 개발하는 것이 아니므로, 포괄적이고 계속적이며 주기적인 노력이 필요하다(Dettmer, 1986). 가능하다면, 영재 교원개발 프로그램을 전반적인 학교 혹은 학군에 기초한 전문성 개발 프로그램에 통합하고, 교원의 다양한 전문성 개발 요구와 기존의 지식기반을 충족시키기 위해 서로 상보하는 포괄적인 활동을 도모해야 한다(Dettmer & Landrum,

1998).

이점(Benefits)

1. 영재의 특징과 이에 관련된 요구를 이해하는 교원은 영재의 참상에 보다 민감하다.
2. 차별화된 교육적 요구, 교수지도 책략에 대해 교육자가 지식을 갖추고 있을수록 최선의 실제를 사용하는 경향이 있다.
3. 특별한 영재의 정서-사회적 발달을 이해하고 지원하는 사람들은 (예: 상담자, 학교 심리학자) 영재에게 맞추려고 자신의 전문적인 실제를 조정하고 조절한다.

잠재적인 장애(Potential Barriers)

1. 교원개발 노력은 비용이 든다. 그래서 지속적인 지원이 필요하다.
2. 어떤 교원개발 활동은 다른 것보다 시간이 보다 많이 소요된다.
3. 만일 영재교육에서 교원개발 연수를 받은 사람이 없으면, 지역 리더십 연수를 받은 사람들이 연수에 참여해야 할 것이다.
4. 학군 전체에서 포용하지 못하는 영재교육 전문성 개발 노력은 이차적이거나 중요하지 않은 것으로 비춰진다.

기준과 성과

1.0 최소 기준	1.0 모범이 되는 기준
모든 학교 교원은 영재의 특징과 요구를 인식해야 한다.	**영재의 특징과 요구에 대한 교원개발 및 적절한 교수지도 책략을 모든 학교 교원에게 지속적으로 제공해야 한다.**
• 학교는 모든 교원에게 해마다 영재교육 및 영재의 심리적 요구와 특징에 대한 현직서비스를 제공해야 한다. • 시스템 전체에서 학생 판별절차를 실시하기 전에, 영재를 이해하고 인식하기 위해 학교 교원에게 필요한 관련 교원개발 활동을 제공한다.	• 교원이 학교 시스템에서 자신의 소임을 다할 수 있도록 효과적인 서비스를 통해서 영재를 육성하는 최선의 실제는 물론 관련 학생의 요구 및 영재에 대한 일반적인 이해를 영재 교원개발 프로그램에 포함해 놓는다. • 영재분야의 지식과 실험적인 기초가 계속 변화하기 때문에, 교원개발 활동 내용은 최신의 지식과 실제를 반영해야 한다.

기준과 성과

1.1 최소 기준

영재교사는 영재지도와 관련하여 특별히 명시한 전문성 개발활동에 최소한 일년에 한 번 참여해야 한다.

- 교사는 영재교육 관련 주제에 대해 매년 제공하는 여러 지역의 전문성 개발 활동 중 최소한 한 곳에 참석해야 한다.
- 교사는 매년 영재교육에 대한 지역 혹은 주 전문성 개발 행사에 최소한 한 번은 참석해야 한다.

1.1 모범이 되는 기준

모든 영재교사는 교원개발 혹은 학위 프로그램을 통해서 영재교육 연구에 지속적이며 적극적으로 참여해야 한다.

- 교사는 어느 주에서든지 자격 및 인증 갱신 프로그램의 일환으로서 영재교육 전문성 개발 기회에 최소한 한 번 이상 참여해야 한다.
- 만약 영재교육에 대해 주에서 자격을 주거나 인증을 해 준다면, 교사는 그 주에서 요구하는 자격/인증 갱신 프로그램 중 최소 한 과정에 참여해야 한다.
- 영재교육과 관련하여 새로 대학과정이 개설되었다면, 교사는 그 주에서 자격/인증 갱신 프로그램의 일환으로서 그 과정을 마친다.

지침 원리 2

자격을 갖춘 사람만이 영재교육에 관여해야 한다.

기술(Description)

영재교육은 특수한 학문 분야이다. 영재를 지도하는 것은 특별한 지식과 유능성을 반영한다. 그러므로 영재를 지도할 자격을 가장 잘 갖춘 사람은 바로 영재 전문성 개발 프로그램에 참여한 사람이다. 이를 위해서 교사들은 대학원 과정 혹은 대학원 과정에서 주가 인정한 자격증 혹은 인증서를 획득하거나, 공식적인 연수 혹은 연구기관 및 현직 세션 등에서 비공식적인 연수를 받을 수 있다.

원리(Rationale)

연구결과에 의하면(Moon, Callahan, & Tomlinson, 1999; Tomlinson et al., 1994), 영재교육에서 연수를 받지 않은 사람들은 영재의 특별한 교육적 요구를 비교적 충족시키지 못하는 것으로 나타난다. 그러나 학업적으로 다양한 학생집단을 위한 차별화에 대해서 사사를 받은 신참 교사의 경우 여러 학급환경을 관리하는 유능감이 향상되었다(Moon et al., 1999). 그러므로 영재학생에 대해 일차적으로 교수지도 책임이 있는 교사들은 필요한 지식과 유능감을 가지고 있어야 한다. 영재교육 프로그램을 일반 교육과정과 교수지도로 확대할 수 있으므로, 영재교육에 자질이 있는 교사들은 자신의 과목과 학년 수준에서 우선 훌륭한 학급교사라고 할 수 있다. 그러나 훌륭한 학급교사가 되는 것만으로는 영재를 지도하기에 충분하지 않다.

이점(Benefits)

1. 영재교육 프로그램 교원은 학군 전체 행정 분야 및 그 관련 교육을 주도한다.
2. 교실 실제는 지식을 겸비한 전문가가 이끌어 줄 때, 영재교육 분야의 실험적 기초에 보다 일치하게 된다.

잠재적인 장애(Potential Barriers)

1. 영재 특수 분야에서 연수를 받는 것이 대개는 제한되므로 자격을 갖춘 교원 풀이 제한적일 수밖에 없다.
2. 영재교육 관련 특수 연수를 받으면, 학교집단과 교육 프로그램에 대해 제한된 시각을 갖게 된다고 생각한다.

기준과 성과

2.0 최소 기준	2.0 모범이 되는 기준
영재와 함께 활동하는 모든 교원은 지도하는 영역에서 자격을 갖추고 있어야 하며, 가르치는 학년 수준에서 영재의 독특한 학습 차이점과 요구를 인식해야 한다.	영재와 함께 활동하는 모든 교원은 정규적으로 교원개발 프로그램에 참여해야 한다.
• 영재교육 교원개발 연수를 특수 교원 연수에 통합한다. • 학교집단(예: 상담자, 학교 심리학자 등)을 위해 교원개발 활동을 전개한다.	• 모든 학교 관계자를 위해 지속적으로 교원개발 프로그램을 전개한다. • 모든 교원개발 활동에 영재를 위한 특별한 적용에 주안점을 두는 추후 활동을 포함해야 한다.

기준과 성과

2.1 최소 기준	2.1 모범이 되는 기준
영재교육 전문 교사들은 본인이 가르치는 주에서 적극적으로 활동하여 영재교육 자격증(혹은 그에 상응하는 것)을 받아야 한다.	영재교육 전문가들은 영재교육 자격증/전문화 혹은 학위를 소지해야 한다.
• 전문적인 자격증이 없지만 특수 전문성을 갖추고자 관심을 보이는 교원에게 영재교육 지역 연수를 제공한다. • 영재교육에서 자격증 혹은 이에 상응하는 것을 얻고자 하는 교사에게는 지역 학군에서 학비, 연구할 시간 등의 지원을 해 준다.	• 동일한 교사 유능성을 갖추고 있다면 자격증 혹은 이에 상응하는 영재교육 연수를 받은 교사에게 우선적으로 직임을 준다.

기준과 성과

2.2 최소 기준	2.2 모범이 되는 기준
영재를 지도할 때, 일차적인 책임이 있는 교사는 영재교육에 대한 광범위한 전문성을 갖추고 있어야 한다.	**영재교육에서 우수한 전문성을 가진 교사만이 영재교육에 대한 일차적인 책임을 져야 한다.**
• 어느 과목 혹은 어느 학년 수준에서든지 영재를 지도하도록 선발된 교사는 영재교육 연수 및 이 분야에서 가능하면 자격증을 받는다. • 일차적으로 영재를 지도하는 책임이 있는 교사는 평가를 받아 차별화된 교육과정과 지도에 대한 자신의 유능성을 보여주어야 한다. • 영재와 함께 활동하는, 그러나 영재교육에 전문성이 없는 교사에게는 조속히 특수한 전문성 개발에 참여하도록 동기를 제공해야 한다.	• 일반적으로 동등한 교수 유능성을 갖추고 있다면, 영재교육에 대해 수준 높은 지식과 유능성을 겸비한 교사에게 영재에 대한 일차적인 책임을 주어야 한다. • 영재교육에 대해 높은 수준의 지식과 유능성을 갖추지 못한 교사들에게는 이를 갖추도록 요구한다.

지침 원리 3

학교 관계자들은 영재교육과 관련하여 자신의 특별한 노력에 대해 지원을 받아야 한다.

기술(Description)

대부분 학교 교원들은 영재집단에게 특별하게 적용되는 특징, 요구 및 교수지도 책략에 대해 거의 연수를 받지 않았다. 그러므로 학교 교원들은 영재에게 적용할 자신의 전문성 영역과 관련하여 전문성 개발활동에 참여해야 한다.

원리(Rationale)

전형적으로 교원개발을 통하여 영재를 지도할 때 필요한 특별한 지식기반과 기술을 접하게 된다(Dettmer, 1986). 영재교육 관련 전문성 개발활동을 학군 내 포괄적인 교원개발 프로그램에 통합해야 한다. 따라서 영재교육 관련 전문성 개발연수를 여분의 활동 혹은 필수적인 책무 중 하나에 덧붙여지는 것이라고 생각하지 말아야 한다.

이점(Benefits)

1. 현장에 기초를 둔 통합적인 교원개발 프로그램을 학교 관계자들이 접하게 된다.
2. 모든 학교 교원들이 영재가 요구하는 특별한 특징, 요구 및 양육 책

략을 인식하게 된다.

3. 영재교육 프로그램 작성은 일종의 협동적인 과정이다.

잠재적인 장애(Potential Barriers)

1. 책임을 세분화함으로써 통합적으로 노력을 기울이기 어렵게 만든다.
2. 교원개발을 위한 독립적인 목표로 인해 통합적인 교원개발 프로그램에 대해 주저함이 생긴다.
3. 영재교육 연수에 대해 우선순위를 높게 두지 않을지도 모른다.

기준과 성과

3.0 최소 기준	3.0 모범이 되는 기준
학교 교원들은 영재교육 교원개발 노력에 참여해야 한다.	영재교육에서 인정하는 교원개발 활동에 대해서는 학군 및 교육기관이 최소한 부분적이라도 기금을 제공해야 한다.
• 정규적으로 학교 스케줄을 계획하여 영재교육 교원개발을 제공해야 한다. • 영재와 함께 사용할 수 있도록 모든 교원개발 활동을 조절하고 명료하게 한다.	• 영재교육 교원개발 활동을 기존의 전문성 개발 노력에 통합한다. • 영재교육 교원개발에 적절하게 기금을 후원한다.

지침 원리 4

교원에게 시간과 기타 지원을 제공하여 차별화된 교육계획, 자료 및 교육과정을 준비하고 개발하게 한다.

기술(Description)

전통적으로 교육과정과 교수지도 자원을 영재의 요구에 맞게 충분히 지원하지 못하였다. 그러므로 영재교사는 대개 일반 교육자료를 수정하거나 새로운 것을 개발하였다. 차별화에서는 전통적인 학년 수준 혹은 학교를 벗어나 자료를 수집하고, 대안적인 자원을 이용하고, 이를 구매하기 위해 기금을 조성하고 개별화된 자료를 개발하는 시간을 기획해야 한다.

원리(Rationale)

Gallagher(1999)는 연주회 피아니스트가 자신의 협주곡을 작성하지 않지만 영재교사는 스스로 차별화된 교육자료를 개발해야 한다고 언급하였다. 교육기회를 차별화하기 위해서는 영재교사의 노력, 시간 및 전문성이 필요하다. 이런 유형의 전문성에는, 전문성 개발, 자원 자료, 계획시간, 보충자료를 얻는 것 등 이에 대한 지원이 필요하다.

이점(Benefits)

1. 학군에 자료를 항상 비치할 수 있다.
2. 차별화 요구를 충족시킬 시간과 자원을 마련하여 소진과 과도한 스

트레스를 완화할 수 있다.

3. 보충자료가 핵심 교육과정에 부합되기 때문에 이 자료를 교육과정 조직 내에서 가장 잘 개발할 수 있다.

잠재적인 장애(Potential Barriers)

1. 자료 개발을 하려면 시간이 걸린다.
2. 동료들이 계획하고 자료를 개발하는 시간이 지나치다고 생각할 수 있다.
3. 보충자료 비용에 드는 적절한 기금을 학군의 외부에서 후원받지 못한다.

기준과 성과

4.0 최소 기준	4.0 모범이 되는 기준
학교 관계자들에게 차별화된 영재교육을 준비하고 계획할 시간을 할당해 주어야 한다.	**교사에게 정기적으로 기획 시간〔예: 개방시간(release time), 여름방학에 받는 보수 등〕을 할당하여 차별화된 교육 프로그램 관련 자료를 개발하게 한다.**
• 영재를 위해서 차별화된 핵심 교육과정을 지속적이며 정규적으로 준비한다. • 보충 교수자료를 사용하는 교사를 학기 혹은 여름 동안 지원하고 차별화된 레슨을 계획할 시간을 배려한다.	• 차별화를 위해 장기적인 계획을 세울 때, 학교 교원을 학기 동안에 풀어주거나 쉬는 날 일한 것에 대해 지불을 해 준다. • 교사는 부수적인 보수를 받고 계약 시간이 아닌 동안 차별화된 교육과정 단원을 개발한다.

제 7 장

프로그램 평가

Carolyn M. Callahan

> 프로그램 평가는 제공한 서비스의 가치와 영향을 체계적으로 연구하는 것이다.

프로그램 운영의 주요 면에서 무엇이 이루어졌고 무엇이 이루어지지 않았는지 타당하고 신뢰로운 증거에 기초하여 주의 깊게 의사결정을 유도해 낸다면, 모든 프로그램 구성요소의 개발에 대한 결정은 물론 서비스의 효율성을 증진할 수 있을 것이다. 그러므로 영재교육 서비스를 전달하는 맥락에 대한 주의 깊은 정보수집, 이용하는 자원의 정확성과 적절성, 수행한 활동의 질, 마지막으로 목표와 목적이 성취된 정도를 통해서 영재에 대한 규정을 확고히 도출할 수 있다.

지침 원리 1

평가에는 분명한 목적이 있어야 한다.

기술(Description)

서비스의 질 향상에 도움이 되는 평가를 설계할 때, 관계자, 즉 수집한 정보를 사용할 사람에게 중요한 질문과 자료가 무엇이며 어떤 종류의 것인지 분명한 생각을 가지고 있어야 한다. 이에 주요 질문과 문제를 언급해야 한다. 이들 질문들은 좋은 의사결정을 이끌어낼 것이다. 따라서 주요 평가 질문을 결정하고 어떻게 의사결정자들이 평가 결과를 활용할 것인지가 중요하다. 아무도 관심이 없는 자료를 수집하고, 누구도 신경을 쓰지 않는 질문에 대답을 하는 평가는 프로그램 자원을 낭비하는 것이다.

원리(Rationale)

프로그램 평가는 관계자의 시간과 에너지뿐 아니라, 비용을 통해서 이뤄지는 비싼 사업이다. 그 비용이 가져오는 주요 성과는 바로 정보와 프로그램에 대해 의사결정을 내리는 사람들에게 공개적으로 주는 제안사항이다. 조기 파악과 관계자들의 계속적인 참여를 통해 평가 제안점들을 보다 잘 수용하도록 이끌어 줄 것이다(Joint Committee on Standards for Educational Evaluation, 1994; Reineke, 1991; Tomlinson, Bland, & Moon, 1993; Tomlinson, Bland, Moon, & Callahan, 1994; Tomlinson & Callahan, 1993). 특히, Tomlinson과 동료들은 분명한 평가 목적과 폭넓게 대표적인 집단을 계획하고 이들을 실행에 관여시킬 때 보다 강력하고 효과적으로 평가를 설계하고 그 결과를 좀 더 많이 활용하게 한다는 특징을 발견하였다.

이점(Benefits)

1. 분명한 목적과 원리를 가지고, 미리 대책을 강구하여 의사결정을 내리고 활용할 수 있도록 평가에 비용과 노력을 기울여 자료를 만든다.
2. 핵심적인 의사결정자들은 분명하게 정의해 놓은 성과를 통해서 프로그램의 효과를 볼 수 있다.
3. 핵심적인 의사결정자들로 하여금 단순히 총괄적으로(성과 달성을 통해 프로그램의 전반적인 가치와 성공을 판단하는)보다는 형성적으로(프로그램 서비스의 향상을 지향하는) 평가 결과를 보게 한다.

잠재적인 장애(Potential Barriers)

1. 분명하게 기술하지 않거나 구체적인 목적과 목표가 없는 프로그램 서비스는 주요 질문과 문제에 대해 결정을 내릴 때 어려움을 가져올 것이다.
2. 프로그램 활동에 적극적으로 참여하지 않거나 정보가 없는 관계자들은 평가과정에서 뒤떨어질 것이다.
3. 만약 프로그램에 가장 가까운 사람이 평가로 인해 위협을 받는다면, 이들은 평가과정을 재미없고 진부한 것으로 만들려고 할 것이다.

기준과 성과

1.0 최소 기준	1.0 모범이 되는 기준
수집한 정보는 대부분 평가 의뢰자 집단의 흥미와 요구를 반영해야 한다.	**수집한 정보에서는 모든 평가 의뢰자 집단이 제기한 관련 질문을 언급해야 하며 모든 관계자의 요구에 반응해야 한다.**
• 부모, 교사, 행정가, 학생, 학교 이사회, 그리고 지역사회 집단 대표자들을 설문조사하여 관심사를 파악한다.	• 부모, 교사, 행정가, 학생, 학교 이사회와 지역사회 집단 대표자들이 함께 모여 평가의 초점을 파악하고 핵심이 되는 평가 질문에 우선순위를 부여한다. • 모든 집단 대표자들이 자료수집 도구를 설계하는 과정을 살펴보고, 적절한 인터뷰 정보 제공자에 대해 조언을 주고 평가 결과를 배포하고 설명하는 적극적인 역할을 담당한다.

지침 원리 2

평가는 효율적이며 경제적이어야 한다.

기술(Description)

평가자료 수집은 최소한의 시간, 비용과 노력을 들이는 방식으로, 그러나 최소 비용에도 좋은 의사결정을 이끌어내는 타당하고 신뢰로운 정보를 수용하면서도, 가장 중요한 평가 질문에 답변을 주는 방향을 지향해야 한다. 학군 내 모든 학생 혹은 부모를 설문조사하지 않고 대신 표본을 추출하거나 여러 설문 대신 하나의 설문을 통해서 여러 평가 질문에 대답하게 한다는 의미일 수도 있다. 그러나 일상적으로 학군에서 실시하는 표준화된 시험에서 얻는 자료가 프로그램의 목표를 반영하지 않을 때 이를 받아들이지 않기도 한다.

원리(Rationale)

Joint Committee on Standards for Educational Evaluation(1994)은 평가 산출물의 유용성을 경감시키는 일반적인 잘못으로 다음과 같은 것을 언급하였다. (1) 평가를 실시할 충분한 기금을 배정하지 않고 평가를 실시하는 것, (2) 가장 유용하고 중요한 자료 수집을 이끌어내기보다는 오히려 비용에 대한 염려 때문에 손쉬운 방법론을 선택하는 것, (3) 필요한 예산 변경 없이 평가계획을 바꾸는 것이 그것이다.

이점(Benefits)

1. 제한된 자원으로도 가장 적절하게 사용하여 판단한다. 관계자는 최대의 노력을 기울여, 영재에게 서비스를 전달하는 주요 기능을 위해 시간과 노력을 비축한다.
2. 정보제공자는 평가하는 사람들이 자신의 시간을 존중한다고 인식할 때, 협조를 잘 하게 되고, 중요하며 장황하지 않게 정보를 제공한다.

잠재적인 장애(Potential Barriers)

1. 평가 질문에 우선순위를 부여하지 않고 주의 깊게 적절한 정보원을 파악하지 않은 계획에서는 이후 결과를 이용할 수 없거나, 평가가 진술해야 할 질문에 대한 정보도 얻지 못하며, 답변도 안 되는 자료를 수집하는 결과를 낳을 수 있다.
2. 편의상, 부적절한 자료 수집도구를 사용하여 실제 평가 질문에 대해 진술하지 못하는 결과를 가져올 수도 있다. 예를 들어, 교사들을 관찰하는 대신 교사들에게 질문하여, 자료를 수합함으로써 교육과정 차별화에 대해 타당하지 못한 평가를 내릴 수 있다.

기준과 성과

2.0 최소 기준	2.0 모범이 되는 기준
학군은 프로그램 평가를 위해 충분한 자원을 제공해야 한다.	학군은 시간, 재정적 지원과 체계적으로 프로그램 평가를 실시할 사람들을 배정해야 한다.
• 학군은 이상의 질문에 관련 있는 자료 수집을 위해 지역 자원을 배정하고 가장 중요한 평가 질문을 결정한다.	• 학군은 정규적으로 모든 프로그램 구성요소별로 포괄적인 평가 계획을 세운다. • 내부적으로 수집한 정보가 신뢰롭지 못하거나 타당하지 않을 때, 각 학교는 외부 평가자를 활용한다.

지침 원리 3

평가를 합법적 그리고 윤리적으로 실시해야 한다.

기술(Description)

평가연구를 성공적으로 완수하는 것은 평가자의 옳고 그름에 대한 전문적인 지식과 기술에 크게 좌우된다. 기술은 일반적으로 의사소통하고 협상하는 기술에서부터 평가연구를 설계하고 실시하는 특별 기술과 영재프로그램에 대한 지식에 이르기까지 다양하다. 게다가 평가에서는 학생, 교사와 행정가들에게 민감한 자료 및 위험부담이 있는 성과를 다룬다. 평가자료 수집과 평가가 미치는 영향에서부터 이상의 사람들을 보호하기 위해, 평가자는 인간 피험자의 사생활과 보호의 원리를 알고, 존중하며 적용하고 또한 그 과정에서 개인적인 편견이 영향을 미치지 않도록 모든 노력을 기울여야 한다. 어떤 경우에, 평가자가 학교에 관여하기 시작하면, 편견 가능성이 있는 모든 부분들을 공개해야 한다.

원리(Rationale)

영재교육 평가활용에 대한 연구에 의하면, 평가 결과를 잘 활용하는 평가일수록 프로그램 평가와 영재교육 모두에서 전문성이 있는 책임자와 평가 팀이 프로그램에 대한 평가를 설계하고 실시하였다(Tomlinson et al., 1994).

이점(Benefits)

1. 평가 계획과 실시상의 유능성은 타당하고 신뢰로운 성과의 기초가 될 것이다.
2. 평가자의 유능성과 신뢰를 통해서 정보제공자로부터 전적으로 정보를 이끌어낼 수 있다.
3. 평가 결과는 개인들에게 최소한의 위협을 주면서 영재 서비스를 향상시키는 결과를 가져온다.

잠재적인 장애(Potential Barriers)

1. 영재교육에 전문성이 없는 평가자는 영재의 요구에 대한 이해가 부족하고 적절한 서비스 기준에 대한 이해도 부족할 수 있다.
2. 영재교육에 배경을 가지고 있으나 평가설계 및 평가실시에서 배경이 없는 평가자는 신뢰롭고, 믿을만하고, 타당한 정보를 산출하는 기술이 부족할 수 있다.
3. 영재프로그램 책략 혹은 교육과정에 대해 특별한 편견을 가지고 있는 평가자는, 학군 혹은 영재교육 분야의 기준보다는 오히려 개인적인 기준에 따라 판단할 수 있다.

기준과 성과

3.0 최소 기준	3.0 모범이 되는 기준
평가를 실시하는 사람은 유능하고 신뢰로워야 한다.	**평가를 실시하는 사람은 영재교육 프로그램 평가에서 전문성을 갖추고 있어야 한다.**
• 설문지와 인터뷰 프로토콜을 주의깊게 개발하여, 자료수집 단계에서 질문지 및 인터뷰에 응답하는 사람들로 하여금 개방적이며 솔직하게 반응하게 한다. • 결정적이며 중요한 평가 질문에 대한 반응 자료를 수집한다.	• 양질의 차별화된 영재교육 프로그램을 제공하는 문제와 그 목적에 대한 이해를 평가한 후 서비스 제안점에 반영해야 한다. • 영재교육에 대한 정치적 문제에 있어 민감한 부분을 제안점에 반영한다.

기준과 성과

3.1 최소 기준	3.1 모범이 되는 기준
프로그램 평가 설계에서 서비스가 의도한 목표에 도달하였는지 그 여부를 언급해야 한다.	**평가 설계는 프로그램 서비스에 영향을 미치는 주요 문제뿐 아니라, 프로그램에서 발견한 강점과 약점도 보고해야 한다.**
• 서비스 전달시 자원을 투자하고, 그에 따라 기대하는 학습, 성취 및 정서적 성과에서 바람직한 영향을 미쳤는지 아닌지 그 여부를 언급하기 위해 자료 그 이상에 관심을 기울여 평가 결과를 제시한다.	• 의사 결정자는 성과 결과가 특별 과정 및 서비스를 전달하고 투입해서 생긴 것이라고 하려면 프로그램의 자원과 활동을 조사해야 한다. • 평가보고서는 프로그램 향상을 위해 변화를 유발할 만한 영역에서 행정가와 교사를 분명히 이끌어 주는 역할을 한다.

기준과 성과

3.2 최소 기준	3.2 모범이 되는 기준
의도한 목적에 적합한 도구와 절차를 사용하여 신뢰롭고 타당하게 자료를 수집한다.	평가에서 사용하는 도구가 충분한 신뢰성과 타당성을 가지고 있는지 그리고 다양한 연령, 발달 수준, 성과 여러 초점이 되는 집단에게 적합한지 확인한다.
• 수집한 자료를 통해서 프로그램의 성과와 활동을 신뢰롭게 평가한다. • 평가 성과는 Halo 효과, 기타 교육 서비스 및 무선적인 오류라기보다는 서비스 전달로 인한 것이다.	• 영어를 잘 하지 못하는 부모나 사람들도 자료수집 과정에서 동일한 기회를 가질 수 있게 한다. • 학생들이 자신의 발달범위를 넘어서는 과제로 인해 좌절하지 않게 한다. 그러나 프로그램 효과를 추정할 때 나타나는 천정효과(ceiling effect)는 피한다.

기준과 성과

3.3 최소 기준	3.3 모범이 되는 기준
실질적인 프로그램 향상과 개발을 위해서, 계속 형성 및 총괄 평가책략을 진행하며 사용해야 한다.	주 및 지역 학군 정책에 의거하여 최소한 매 5년에 한번 혹은 그보다 자주 정규적으로 형성평가를 실시해야 한다.
• 자료에 근거하여 프로그램 서비스를 수정할 때, 학생들에게 긍정적인 효과를 미칠 수 있도록 서비스 전달과정에 대해 제안하고 의견을 제공한다. • 비효과적이며 비능률적인 프로그램 서비스를 수정하거나 제거한다.	• 정규적으로 기획한 평가는 산발적이며 예기치 못한 평가가 빚어내는 위협과 공포를 완화한다. 프로그램 운영의 한 부분으로 평가과정을 생각한다. • 비효과적이며 비능률적인 실제를 파악하고 교원들이 이와 같은 실제를 방어해야 한다고 생각하기 전에 바꾼다. • 정기적인 프로그램 평가를 통해서 교육과정과 운영실제들이 현재의 이론과 연구에 부합되도록 업데이트 한다.

3.4 최소 기준	3.4 모범이 되는 기준
개인 자료에 대해서는 비밀을 보장해야 한다.	평가과정에 관여한 모든 개인들에게 정보를 입증해 주고 그 나온 결과를 해결하는 기회를 부여해야 한다.
• 개인적인 사생활을 유지하여, 반응자들로 하여금 평가과정에 대해 신뢰를 갖게 한다.	• 편견으로 오류가 생길 수 있기 때문에, 인터뷰에서 얻은 것 중에서 보도자료를 선정할 때 영향을 미칠 만한 것을 피한다. • 정보제공자는 자신이 제공한 정보를 명확하게 하고 수정하며 확대할 기회를 가지게 되면, 이에 만족하며, 이런 기회는 보고하는 내용의 신뢰성을 높인다.

지침 원리 4

평가 결과를 문서자료로 이용할 수 있어야 한다.

기술(Description)

효과적으로 결과와 제안점을 제시할 때 여러 도구를 통해 사람들에게 의사를 전달해야 한다. 사람들의 미묘한 수준, 흥미와 의사결정에 대한 책임은 프레젠테이션 스타일에 영향을 줄 것이다. 그러나 글로 작성한 문서는 그 보고를 듣는 사람에게는 "기억자료"의 역할을 하기 때문에, 말로 하는 프레젠테이션의 타당성과 명료성을 위해서는 자료가 필요하다. 문서로 된 보고서는 사람들이 의사결정을 할 때 쉽게 이용할 수 있고 읽었을 때 이해할 수 있는 양식이어야 한다.

원리(Rationale)

평가 보고서를 받았을 때, 관계자 및 일차적인 흥미집단은 결과에 동의할 것인지 혹은 강하게 반박할 것인지 그 평가 결과에 민감하게 되고 이상의 민감성에 따라 결과를 여과하게 된다. 따라서 결과를 명료하게 하기 위한 참조점으로서 문서가 있어야 한다. 게다가 모든 사람들이 프로그램에 대해 동일한 배경을 가지고 있지 않으며 기술 및 통계 용어와 방법론을 똑같이 이해하는 것도 아니다. 그러므로 흥미를 보이는 모든 사람들에게 효과적으로 그 결과를 전달하기 위해서는 여러 보고하는 방법을 고안하고 마련하는 것이 중요하다(Joint Committee on Standards for Educational Evaluation, 1994; Lincoln, 1991).

이점(Benefits)

1. 문서는 즉시 참고할 수 있고 또한 장기적인 계획을 위해서 필요하다.
2. 프로그램을 변경하였을 때, 문서로 보고하면 그 이후의 형성과 총괄평가에서 수집한 자료를 비교할 때 기준 역할을 할 수 있다.
3. 모든 관계자들이 동일한 정보를 얻을 수 있다.
4. 평가자들이 평가보고서를 공유할 것이라고 인식할 때 정보제공자의 협조가 증진된다.

잠재적인 장애(Potential Barriers)

1. 최종 보고서를 제출하려고 서두르면, 평가자들은 문서로 된 서류에만 의존하게 되고 다른 평가자들이 이해할 수 있는 기술적인 양식으로 이들 문서를 준비하게 된다.
2. 해석과 제안점보다는 방법론을 너무 강조하게 된다.
3. 관계자들은 결과의 전 영역보다는 보고서의 부정적인 것에 집중한다.

기준과 성과

4.0 최소 기준	4.0 모범이 되는 기준
평가 보고서는 분명하고 일관적인 양식으로 평가 결과를 제시해야 한다.	**결과를 제시하고 관계자들의 추후활동을 권장하기 위해 평가 보고서를 고안해야 한다.**
• 평가보고서의 내용을 사람들 즉, 관계자가 이해할 수 있어야 한다. • 정치적인 의결사항에 따라 해석하는 기회를 최소화한다.	• 평가 보고서를 프로그램 발전을 이끌어내는 행동 문건으로 간주한다. • 학교 부서에 있는 사람들은 재정, 교원 임용, 운영 및 교육과정과 교수지도 수정을 포함하여 프로그램을 개조하는 가장 좋은 방식을 결정할 수 있다. • 각 관계자 집단에 있는 사람들은 프로그램을 발전시키는 자신의 역할을 이해한다.

참고 문헌

Achter, J. A., Benbow, C. P., & Lubinski, D. (1997). Rethinking multipotentiality among the intellectually gifted: A critical review and recommendations. *Gifted Child Quarterly*, *41*, 5-15.

Alvino, J. (1991). An investigation into the needs of gifted boys. *Roeper Review*, *13*, 174-180.

Archambault, Jr., F. X., Westberg, K. L., Brown, S. W., Hallmark, B. W., Zhang, W., & Emmons, C. L. (1993). Classroom practices used with gifted third and fourth grade students. *Journal for the Education of the Gifted*, *16*, 103-119.

Bands, C. (1989). Promoting pluralism and power. In C. J. Maker & S. W. Schiever (Eds.), *Critical issues in gifted education: Defensible programs for cultural and ethnic minorities* (pp. 27-33). Austin, TX: PRO-ED.

Benbow, C. P. (1998). Acceleration as a method for meeting the academic needs of intellectually talented children. In J. VanTassel-Baska (Ed.), *Excellence in educating gifted and talented learners* (pp. 279-294). Denver, CO: Love.

Borland, J. D. (1989). *Planning and implementing programs for the gifted*. New York: Teachers College Press.

Callahan, C. M., Landrum, M. S., & Hunsaker, S. L. (1988). *Suggestions for program development, revision and extension in gifted education*. Richmond, VA:

Department of Education, Division of Special Education Programs.

Callahan, C. M., & McIntire, J. (1994). *Identifying outstanding talent in American Indians and Alaska Native students*. Washington, DC: Office of Educational Research and Improvement.

Colangelo, N. (1997). Counseling gifted students: Issues and practices. In N. Colangelo & G. A. Davis (Eds.), *Handbook of gifted education* (2nd ed., pp. 353-365). New York: Allyn and Bacon.

Cox, J., Daniel, N., & Boston, B. A. (1985). *Educating able learners: Programs and promising practices*. Austin, TX: University of Texas Press.

Davis, G. A., & Rimm, S. B. (1998). *Education of the gifted and talented*. Boston: Allyn and Bacon.

Delcourt, M. A. B., & Evans, K. (1994). *Qualitative extension of the learning outcomes study*. Storrs, CT: University of Connecticut, National Research Center on the Gifted and Talented.

Delcourt, J., Loyd, B., Cornell, D., & Goldberg, M. (1994). *Evaluation of the effects of programming arrangements on student learning outcomes*. Storrs, CT: University of Connecticut, National Research Center on the Gifted and Talented.

Delisle, J. (1992). *Guiding the social and emotional development of gifted youth*. New York: Longman.

Dettmer, P. (1986). Gifted program in-service and staff development: Pragmatics and possibilities. *Gifted Child Quarterly*, *30*, 99-102.

Dettmer, P., & Landrum, M. S. (1998). *Staff development: The key for effective gifted education programs*. Waco, TX: Prufrock Press.

Feldhusen, J. F. (1998). Strategies and methods for teaching the talented. In J. VanTassel-Baska (Ed.), *Excellence in educating gifted and talented learners* (pp. 363-379). Denver, CO: Love.

Ford, D. Y. (1998). The under-representation of minority students in gifted education: Problems and promises in recruitment and retention. *Journal of Special Education*, *32*, 4-14.

Ford, D. Y. (1996). *Reversing underachievement among gifted Black students*. New

York: Teachers College Press.

Gallagher, J. J. (1999, November). *Gifted education in the new millennium.* Paper presented at the annual conference of the National Association for Gifted Children, Albuquerque, NM.

Gallagher, J. J. (1985). *Teaching the gifted child.* Boston: Allyn and Bacon.

Gallagher, J. J., & Gallagher, S. (1994). *Teaching the gifted child.* Boston: Allyn and Bacon.

Johnson, L. J., Karnes, M. B., & Carr, V. W. (1997). Providing services to children with gifts and disabilities: A critical need. In N. Colangelo & G. A. Davis (Eds.), *Handbook of gifted education* (2nd ed., pp. 516-527). New York: Allyn and Bacon.

Joint Committee on Standards for Educational Evaluation. (1994). *The program evaluation standards* (2nd ed.). Thousand Oaks, CA: Sage.

Kerr, B. A. (1991). *A handbook for counseling the gifted and talented.* Alexandria, VA: American Association for Counseling and Development.

Kirschenbaum, R. J., Armstrong, D. C., & Landrum, M. S. (1999). Resource consultation model in gifted education to support talent development in today's inclusive schools. *Gifted Child Quarterly, 43*, 39-47.

Landrum, M. S., & Shaklee, B. (Eds.). (1998). *Pre-K—Grade 12 gifted program standards.* Washington, DC: National Association for Gifted Children.

Lincoln, Y. S. (1991). The arts and sciences of program evaluation. *Evaluation Practice, 12*, 1-7.

Maker, C. J. (1996). Identification of gifted minority students: A national problem, needed changes, and a promising solution. *Gifted Child Quarterly, 40*, 41-50.

Maker, C. J. (1982). *Teaching models in the education of the gifted.* Austin, TX: PRO-ED.

Masse, L., & Gagné, F. (1996). Should self-nominations be allowed in peer nomination forms? *Gifted Child Quarterly, 40*, 24-30.

Maxwell, E. (1998). "I can do it myself!" Reflections on early self-efficacy. *Roeper*

Review, *20*, 183-187.

McIntosh, M. E., & Greenlaw, M. J. (1986). Fostering the post-secondary aspirations of gifted urban minority students. *Roeper Review*, *9*, 104-107.

Mendaglio, S., & Pyryt, M. C. (1995). Self-concept of gifted students: Assessment-based intervention. *Teaching Exceptional Children*, *27*, 40-45.

Moon, T. R., Callahan, C. M., & Tomlinson, C. A. (1999). The effects of mentoring relationships on preservice teachers' attitudes toward academically diverse students. *Gifted Child Quarterly*, *43*, 56-62.

Neihart, M. (1999). Systematic risk-taking. *Roeper Review*, *21*, 289-292.

Olszewski-Kubilius, P. M., & Scott, J. M. (1992). An investigation of the college and career counseling needs of economically disadvantaged, minority gifted students. *Roeper Review*, *14*, 141-148.

Piechowski, M. M. (1997). Emotional giftedness: The measure of intrapersonal intelligence. In N. Colangelo & G. A. Davis (Eds.), *Handbook of gifted education* (2nd ed., pp. 366-381). New York: Allyn and Bacon.

Purcell, J. H. (1994). *The status of programs for high ability students.* Storrs, CT: University of Connecticut, National Research Center on the Gifted and Talented.

Purcell, J. H., & Leppien, J. H. (1998). Building bridges between general practitioners and educators of the gifted: A study of collaboration. *Gifted Child Quarterly*, *42*, 172-180.

Reineke, R. A. (1991). Stakeholder involvement in evaluation: Suggestions for practice. *Evaluation Practice*, *12*, 39-44.

Reis, S. M. (1991). The need for clarification in research designed to examine differences in achievement and accomplishment. *Roeper Review*, *13*, 193-198.

Reis, S. M., Burns, D. E., & Renzulli, J. S. (1992). *Curriculum compacting: The complete guide to modifying the regular curriculum for high ability students.* Mansfield Center, CT: Creative Learning Press.

Renzulli, J. S., & Reis, S. (1991). The reform movement and the quiet crisis in gifted education. *Gifted Child Quarterly*, *35*, 26-35.

Roberts, J. L., & Roberts, R. A. (1986). Differentiating in-service through teacher concerns about education of the gifted. *Gifted Child Quarterly, 30*, 107-109.

Robinson, A. (1997). Cooperative learning for talented students: Emergent issues and implications. In N. Colangelo & G. A. Davis (Eds.), *A handbook of gifted education* (2nd ed., pp. 243-252). Boston: Allyn and Bacon.

Robinson, N. W., & Noble, K. D. (1991). Social-emotional development and adjustment of gifted children. In M. Wang, M. C. Reynolds, & H. J. Walberg (Eds.), *Handbook of special education: Research and practice* (2nd ed., pp. 57-76). New York: Pergamon Press.

Roedell, W. C. (1989). Early development of gifted children. In J. L. VanTassel-Baska & P. Olszewski-Kubilius (Eds.), *Patterns of influence on gifted learners* (pp. 13-28). New York: Teacher's College Press.

Rogers, J. A. (1998). Refocusing the lens: Using observation to assess and identify gifted learners. *Gifted Education International, 12*, 129-144.

Schiever, J. W., & Maker, C. J. (Eds.). (1989). *Defensible programs for cultural and ethnic minorities*. Austin, TX: PRO-ED.

Shaklee, B. (1997). Gifted-child education in the new millennium. *The Educational Forum, 61*, 212-219.

Shore, B. M., & Delcourt, M. A. B. (1996). Effective curricular and program practices in gifted education and the interface with general education. *Journal for the Education of the Gifted, 20*, 138-154.

Silverman, L. K. (1993). The gifted individual. In L. K. Silverman (Ed.), *Counseling the gifted and talented* (pp. 3-28). Denver, CO: Love.

Tomlinson, C. A. (1999). *The differentiated classroom: Responding to the needs of all learners*. Alexandria, VA: Association for Supervision and Curriculum Development.

Tomlinson, C. A. (1995). *How to differentiate instruction in mixed-ability classrooms*. Alexandria, VA: Association for Supervision and Curriculum Development.

Tomlinson, C. A., Bland, L., & Moon, T. (1993). Evaluation utilization: A review of the literature with implications for gifted education. *Journal for the Education of the gifted, 16*, 171-189.

Tomlinson, C. A., Bland, L., Moon, T., & Callahan, C. M. (1994). Case studies of evaluation utilization in gifted education. *Evaluation Practice, 15*, 153-168.

Tomlinson, C. A., & Callahan, C. M. (1993, Fall). A planning guide for evaluating programs for the gifted. *Quest, 4(2)*, 1-4.

Tomlinson, C. A., Coleman, M. R., Allan, S. D., Udall, A., & Landrum, M. S. (1996). Interface between gifted education and general education: Toward communication, cooperation, and collaboration. *Gifted Child Quarterly, 40*, 165-171.

Tomlinson, C. A., Tomchin, E. M., Callahan, C. M., Adams, C. M., Pizzat-Tinnin, P., Cunningham, C. M., Moore, B., Lutz, L., Roberson, C., Eiss, N., Landrum, M. S., Hunsaker, S. L., & Imbeau, M. (1994). Practices of preservice teachers related to gifted and other academically diverse learners. *Gifted Child Quarterly, 38*, 106-114.

U. S. Department of Education, Office of Educational Research and Improvement. (1993). *National excellence: A case for developing America's talent.* Washington, DC: U. S. Goverment Printing Office.

VanTassel-Baska, J. (1998). Appropriate curriculum for the talented learner. In J. VanTassel-Baska (Ed.), *Excellence in educating gifted and talented learners* (pp. 339-361). Denver, CO: Love.

VanTassel-Baska, J. (1994). *Comprehensive curriculum for gifted learners.* Boston: Love.

VanTassel-Baska, J. (1992). *Planning effective curriculum for gifted learners.* Denver, CO: Love.

Westberg, K. L., Archambault, F. X. Jr., Dobyns, S. M., & Slavin, T. J. (1993). An observational study of classroom practices used with third and fourth grade students. *Journal for the Education of the Gifted, 16*, 120-146.

Worthen, B. R., Sanders, J. R., & Fitzpatrick, J. L. (1997). *Program evaluation: Alternative approaches and practical guidelines* (2nd ed.). New York: Longman.

부 록

유아—유치~12학년 영재프로그램 기준

영재교육 프로그램 기준: 프로그램 설계

기술: 적절한 영재교육 프로그램을 개발하려면, 바람직한 철학적, 이론적 및 실험적 지지에 기반을 두는 포괄적인 서비스가 필요하다.

지침 원리	최소 기준	모범이 되는 기준
1. 영재를 위해서는 하나의 영재교육 프로그램보다는, 연속적으로 프로그램 서비스를 마련해야 한다.	1.0 M 모든 영재들은 영재프로그램의 서비스 혜택을 받아야 한다.	1.0 E 제공하는 연속적인 선택안의 서비스가 영재 수준에 적합해야 한다.
2. 영재교육에 대한 적절한 기금을 마련해야 한다.	2.0 M 영재교육 기금은 다른 지역 프로그램 기금에 상응해야 한다.	2.0 E 영재교육 프로그램은 프로그램 목적과 일관되는 기금을 조성하여 적절하게 영재의 요구를 충족시켜야 한다.
3. 포괄적이며 건전한 기초에 의거하여 영재교육 프로그램을 발전시켜야 한다.	3.0 M 일반적으로 하는 개관에서 벗어나서 영재교육 프로그램을 제기해야 한다.	3.0 E 많은 정보를 갖고 있는 전문가의 조언으로 영재교육 프로그램 작성을 계획해야 한다.
	3.1 M 분명하게 연관된 철학적 진술과 이에 수반된 목적과 목표가 영재프로그램을 이끌어야 한다.	3.1 E 영재프로그램의 작성에 관한 필요성을 진술하는 미션 혹은 철학적 보고서를 학교 및 학군에서 작성해야 한다.
	3.2 M 학년 즉, 유아-유치~12학년별로 연속적인 서비스를 제공해야 한다.	3.2 E 유아-유치~12학년용 프로그램 계획에 포괄적으로 판별, 교육과정과 교수, 서비스 전달, 교사 준비, 형성 및 총괄 평가, 지원 서비스 및 부모 참여를 포함시킨다.

4. 영재교육 프로그램 작성 서비스는 일반 교육의 통합적인 한 부분이 되어야 한다.	4.0 M 일반 교육 프로그램 내에서 영재교육 프로그램 작성을 명확히 해야 한다.	4.0 E 학생이 프로그램을 통해서 발전할 때 그 연속성을 보장하려면, 모든 학년 수준의 정규학급에서 학습하는 기본적인 학업 기술과 지식 위에서 영재 서비스를 보충하고 설정하도록 기획해야 한다.
	4.1 M 적절한 교육기회를 정규학급, 자료실, 별도 혹은 자유선택 환경에서 제공해야 한다.	4.1 E 지역 학군은 단 하나의 서비스로 대별되지 않도록 여러 서비스 전달 선택안을 제공해야 한다.
5. 차별화된 교수지도 및 교육과정을 촉진하기 위해서 융통적으로 학생을 집단으로 편성하는 방안을 개발해야 한다.	5.0 M 영재교육 프로그램을 작성할 때 통합적인 한 부분으로 융통적으로 집단을 편성한다.	5.0 E 영재가 지적인 또래와 함께 그리고 이 또래로부터 학습하게 하려면 모든 내용영역과 학년에서 융통적으로 집단을 편성하고 배치해야 한다.
6. 일반 교육 프로그램의 특징과 운영에 맞게 조절하고 첨가하는 정책적 특수성이 영재프로그램에도 필요하다.	6.0 M 기존 및 장래의 학교 정책은 영재의 요구에 대한 규정을 포함해야 한다.	6.0 E 최소한 다음의 영역에서 영재교육 정책을 마련해야 한다: 조기 입학, 월반, 능력별 집단 편성 및 이중 등록.

영재교육 프로그램 기준: 프로그램 운영 및 관리

기술: 적절한 영재교육 프로그램을 작성하려면 서비스를 개발하고, 실시하고, 운영하는 체계적인 방법을 설정해 놓아야 한다.

지침 원리	최소 기준	모범이 되는 기준
1. 적합한 자격을 갖춘 교원이 영재학습을 위한 서비스를 제공해야 한다.	1.0 M 영재프로그램 코디네이터로 지명을 받은 사람은 영재교육과정 및 교원개발을 완수하고 적절한 자격을 갖추고 있다는 리더십 능력을 보여주어야 한다.	1.0 E 코디네이터로 지명을 받은 사람은 영재교육에서 보증하는 프로그램 혹은 높은 수준의 학위 프로그램을 이수해야 한다.
2. 영재교육 프로그램을 일반 교육 프로그램에 통합해야 한다.	2.0 M 영재교육 프로그램은 모든 수준에서 일반교육과 영재교육 사이에 연계성을 만들어야 한다.	2.0 E 영재교육의 책임은 영재교육 프로그램과 일반 교육 학교 전체 사이에서 강력한 관계를 필요로 하는 공통적인 것이다.
3. 영재교육 프로그램은 추종기관뿐 아니라, 유권자 및 옹호집단과의 긍정적인 활동관계를 가져야 한다.	3.0 M 영재프로그램을 작성하는 교원은 지속적으로 부모와 의사소통을 해야 한다.	3.0 E 영재교육 프로그램을 작성하는 교원은 영재교육의 주요 정책과 실제에 대한 정보를 학교 관계자, 부모와 지역사회 구성원 등에게 배포해야 한다(예: 학생 추천 및 선발, 이의 제기, 비형식적 공감, 학생 발전 사항 등).
	3.1 M 영재프로그램은 학교 혹은 학군의 전체 학생집단의 문화 및 사회경제적 다양성을 반영하는 지원위원회를 설립하고 활용해야 하며, 이 위원회에 부모, 지역사회 구성원, 학생과 지역 교원을 포함한다.	3.1 E 영재 부모들은 정기적으로 영재프로그램 코디네이터와 함께 프로그램 운영에 대한 조언을 듣고 제안을 공유할 기회를 가져야 한다.

	3.2 M 영재교육 프로그램을 작성하는 교원은 영재교육에 귀속되는 다른 교육기관뿐 아니라 다른 현지 부서와도 의사소통을 해야 한다.	3.2 E 다른 교육 분야와 기관의 현재 문제 및 관심사를 고려하여 정기적으로 영재프로그램에 대한 의사결정을 내린다.
4. 영재교육 프로그램을 작성할 때 필요한 자원과 자료를 지원하고 제공해야 한다.	4.0 M 프로그램의 운영을 지원하기 위해 자원을 제공해야 한다.	4.0 E 프로그램의 운영을 지원하기 위해서 다양한 자원을 이용해야 한다(예: 부모, 지역사회, 직업 인사 등).
	4.1 M 영재교육 프로그램 서비스를 위한 기술적인 지원을 제공해야 한다.	4.1 E 적절한 서비스를 제공하기 위해 영재교육 프로그램은 최첨단의 기술을 제공해야 한다.
	4.2 M 영재를 위해 적절하고 광범위한 자료를 갖추고 있는 도서관을 선택한다.	4.2 E 학교에서 새로운 자료를 구매하려고 계획할 때, 영재의 요구를 반영해야 한다.

영재교육 프로그램 기준: 사회—정서적 지도 및 상담

기술: 영재교육 프로그램을 작성하려면 영재의 사회-정서적 발달을 인식하고 양육하려는 계획을 수립해야 한다.

지침 원리	최소 기준	모범이 되는 기준
1. 영재의 독특한 사회-정서적 발달을 충족시키기 위한 차별화된 지도 노력을 제공해야 한다.	1.0 M 영재의 독특한 사회-정서적 발달 때문에, 영재의 특징과 사회-정서적 요구를 잘 알고 있는 상담자가 지도하고 상담 서비스를 제공해 주어야 한다.	1.0 E 여러 영재의 특징과 사회-정서적 요구(예: 미성취, 다중잠재성 등)에 대해 특별한 연수를 받은 상담자가 상담 서비스를 제공해야 한다.
2. 영재의 독특한 요구를 위해 특별하게 개발한 진로지도 서비스를 영재에게 제공해야 한다.	2.0 M 영재의 독특한 강점과 일관되는 진로상담을 제공해야 한다.	2.0 E 전형적인 프로그램보다는 적절하게 다르고 보다 일찍 전달해 주는 대학 및 진로지도를 영재에게 제공해야 한다.
3. 위험에 처해 있는 영재에게 지도와 상담을 제공하여 잠재력을 펼칠 수 있도록 돕는다.	3.0 M 위험에 처해 있는 영재에게 특별한 관심을 기울이고, 상담 및 자신의 완전한 잠재력을 깨닫도록 지원을 해 주어야 한다.	3.0 E 정규 및 영재학급에서 만족스런 수행을 보여주지 못하는 영재들에게 특별한 중재 서비스를 제공해야 한다.
4. 지도와 상담 서비스를 차별화하는 것 외에 영재에게 정서적인 교육과정을 제공해야 한다.	4.0 M 차별화된 교육과정과 교수지도 서비스의 한 부분으로 영재에게 정서적 교육과정을 제공해야 한다.	4.0 E 개인적/사회적 지각과 조절, 학업적 계획 및 직업과 진로지각을 잘 정의하고 실시하는 정서 교육과정을 영재에게 제공해야 한다.
5. 차별화된 서비스에서 미성취 영재를 배제하기보다는 서비스를 제공해 주어야 한다.	5.0 M 미성취 영재를 이들의 관련 문제 때문에 영재프로그램에서 배제하지 말아야 한다.	5.0 E 미성취 영재에게 미성취 관련 문제와 논쟁을 언급하는 특별지도 및 상담 서비스를 제공해야 한다.

영재교육 프로그램 기준: 학생 판별

기술: 적절한 교육 서비스를 결정하기 위해 영재학생을 평가해야 한다.

지침 원리	최소 기준	모범이 되는 기준
1. 영재교육 서비스를 받을 자격이 있는지 결정하기 위해 학생 지명에 있어 포괄적이며 일관적인 과정을 공통적으로 적용해야 한다.	1.0 M 학군 내 서비스를 제공하는 영역에서 영재의 특징에 대한 정보를 매년 모든 적절한 교원에게 배포해야 한다.	1.0 E 학군은 다양한 언어로, 학생 지명과정에 대한 정보를 매년 제공해야 한다.
	1.1 M 영재교육 서비스를 받을 초기 선발 풀을 구성할 때 잠재적으로 모든 학생들을 포함한다.	1.1 E 지명과정을 지속해야 하고, 어떤 학생선발이든 어느 때에라도 실시해야 한다.
	1.2 M 서비스를 위해 지명을 어떤 자원에서든지 수용해야 한다(예: 교사, 부모, 지역사회 구성원, 또래 등).	1.2 E 지명절차와 양식을 다양한 언어로 이용할 수 있어야 한다.
	1.3 M 부모에게 영재성과 학생 특징을 이해할 수 있도록 정보를 제공해야 한다.	1.3 E 부모들이 영재성에 대해 완전한 의미를 얻도록 특별한 워크숍 혹은 세미나를 제공해야 한다.
2. 영재교육 서비스를 받는 자격을 결정하는 학생 평가에서, 학생의 강점을 보여주는 다양한 능력, 재능, 장점과 요구를 측정해야 한다.	2.0 M 학생이 가장 익숙한 언어로 필요할 때 실시할 수 있도록 규례를 갖추고 있는 평가도구를 사용하여 학생의 능력을 측정해야 한다.	2.0 E 필요하다면, 학생이 가장 익숙한 언어로 평가를 실시한다.

	2.1 M 평가는 문화적으로 공정해야 한다.	2.1 E 평가는 학생의 경제적 조건, 성, 발달 차이, 장애조건과 공정한 평가실제를 완화하는 기타 요인에 민감해야 한다.
	2.2 M 학생 평가의 목적이 모든 학년 수준에 걸쳐 일관적으로 명확해야 한다.	2.2 E 학군의 영재성 영역과 학년 수준에 걸쳐 일관적으로 학생을 평가해야 한다.
	2.3 M 학생 평가는 현재의 재능발달 단계에 민감해야 한다.	2.3 E 학생 평가는 모든 단계의 재능발달에 민감해야 한다.
3. 적절한 중재를 계획하기 위해서 개별 학생의 강점과 요구에 대한 학생 평가 프로파일을 개발해야 한다.	3.0 M 영재교육 프로그램 서비스가 적합한지 평가하기 위해서 각 학생별로 평가 프로파일을 개발해야 한다.	3.0 E 영재교육이 필요한 모든 영재를 위해서 개별 평가계획을 개발해야 한다.
	3.1 M 평가 프로파일은 독특한 학습 특징, 잠재성 및 수행 수준을 반영해야 한다.	3.1 E 평가 프로파일은 영재의 흥미, 학습스타일과 교육적 요구를 반영해야 한다.
4. 모든 학생 판별절차와 도구는 현재의 이론과 연구에 기초해야 한다.	4.0 M 하나의 평가도구 혹은 그 결과로 영재프로그램 서비스에 대한 학생의 자격을 부정하지 말아야 한다.	4.0 E 여러 평가 방법과 자원을 통해서 학생 평가자료를 얻어야 한다.
	4.1 M 모든 평가도구는 의도한 목적과 초점이 되는 학생에게 신뢰롭고 타당한 증거를 제공해야 한다.	4.1 E 학생 평가자료에서 신뢰롭고 타당하도록 양적 및 질적 자료가 균형을 이뤄야 한다.

5. 최소한 정보에 근거하여 동의, 학생 보유, 학생 재평가, 학생 종료 및 이의 제기 절차에 대한 규정을 학생 판별에 대한 문서 절차로서 마련해 두어야 한다.	5.0 M 학군 영재프로그램 지침에 특별한 절차를 마련하여, 초등·중고등학교 수준 동안 최소한 한 번 학생 평가를 실시한다.	5.0 E 판별목적상 신뢰롭고 타당한 적정 증거를 갖춘 균형적인 질적, 양적 측정을 사용하여 학생 배치 자료를 수집해야 한다.
	5.1 M 부모 이의 제기에 대한 지침을 포함하여, 학생 보유 및 종료에 대한 특별한 절차를 학군 지침에 마련해 놓는다.	5.1 E 학군 지침과 절차를 개관하고 필요할 때 개정한다.

영재교육 프로그램 기준: 교육과정과 교수지도

기술: 영재의 독특한 요구에 맞게 방향 지워진 교육과정과 교수지도 기회를 영재교육 서비스에 포함해야 한다.

지침 원리	최소 기준	모범이 되는 기준
1. 유아-유치~12학년을 망라하여 영재를 위한 차별화된 교육과정을 실시해야 한다.	1.0 M 영재를 위한 차별화된 교육과정(영재의 독특한 학습요구를 언급하는 교육과정 및 교수지도에 대한 조정)을 학군 전역에서 통합하고 명확하게 한다.	1.0 E 모든 학년 수준과 모든 과목 영역에서 교육과정 영역과 계열을 잘 정의하고 실시하여 명확하게 한다.
2. 독특한 영재의 요구를 충족시키기 위해 정규학급의 교육과정과 교수지도를 조절, 수정 및 대체한다.	2.0 M 영재에게 제공하는 교수, 목적과 책략들을 정규학급에 있는 것들과 체계적으로 차별화해야 한다.	2.0 E 정규학급에서 영재에게 도전을 주는 목적, 내용과 자원을 학군 교육과정 계획에 포함해 놓아야 한다.
	2.1 M 교사는 보다 높은 수준의 학습목표를 촉진하기 위해 교육과정을 차별화하고, 대체하고, 보충하거나 수정해야 한다.	2.1 E 교사는 영재를 위해 모든 과목에서 교육과정의 차별화를 계획하고 개발하는 책임이 있다.
	2.2 M 본질적인 정규 교육과정 개념과 과정에서 능숙함을 보여주는 수단을 마련하여 적절한 학업 속진을 촉진한다.	2.2 E 학습수준과 학습의 속진속도를 평가하는 교수지도를 명시하여 영재를 위한 계획이 개별 학생의 특별한 요구에 근거하고 있음을 보여주어야 한다.

	2.3 M 영재의 기본적인 기술과 지식 면에서 그 능숙도를 평가하고 능숙도가 나타나면 대안적인 도전이 되는 교육 기회를 제공한다.	2.3 E 모든 표준 학습과정에서 영재의 능숙도를 평가하고 보다 도전적인 교육기회를 그 다음에 제공한다.
3. 교수지도 속도를 융통적으로 하여 적절하게 영재의 속진학습을 허용한다.	3.0 M 영재의 속진학습 속도와 높은 수준의 지적 과정을 반영하기 위해서 적절하게 차별화된 교수책략과 상급수준의 내용으로 프로그램을 구성해야 한다.	3.0 E 적정학습에 대한 충분한 최고 한도를 허용하고 보장하는 한편, 교육과정 속진에 대한 지속적인 기회를 영재의 강점과 흥미영역에서 제공해야 한다.
4. 과목 속진 및 월반의 교육 기회를 영재에게 제공해야 한다.	4.0 M 내용속진과 학년속진을 진행하거나 제한하는 결정을 충분히 평가한 후에 고려해야 한다.	4.0 E 내용과 학년 수준의 부분적 혹은 전면적인 속진 가능성을 이를 필요로 하는 학생들에게 제공해야 한다.
5. 영재를 위한 학습기회를 차별화된 교육과정 선택안, 교수지도 접근법과 자원 자료의 연속체로 구성해야 한다.	5.0 M 여러 교육과정 선택안, 교수지도 책략과 자료들로 학습경험을 다양하고 적절하게 구성해야 한다.	5.0 E 각 학생들에게 적절한 서비스 선택안을 제공하여 평가하는 수준과 수준 높은 학습속도에서 활동할 수 있게 한다.
	5.1 M 융통적으로 교수지도 배열(예: 특별학급, 세미나, 자료실, 멘토십, 독립연구와 연구 프로젝트)을 활용해야 한다.	5.1 E 학생의 흥미, 준비도 및 학습스타일에 맞는 교육경험을 제공하기 위해서, 유아-유치~12학년 프로그램을 망라하여 차별화된 교육 프로그램 교육과정을 수정해야 한다.

영재교육 프로그램 기준: 전문성 개발

기술: 영재교사는 영재교육에서 특별한 준비가 되어 있고, 차별화된 내용과 교수방법에서 전문성을 갖추고 있으며, 지속적으로 전문성 개발에 참여하여, 모범이 되는 성격과 전문가적 자질을 가지고 있는 전문가가 제공하는 서비스를 받아야 한다.

지침 원리	최소 기준	모범이 되는 기준
1. 포괄적인 교원개발 프로그램을 영재교육에 참여하고 있는 모든 교원에게 제공해야 한다.	1.0 M 모든 학교 교원은 영재의 특징과 요구를 인식해야 한다.	1.0 E 영재의 특징과 요구에 대한 교원개발 및 적절한 교수지도 책략을 모든 학교 교원에게 지속적으로 제공해야 한다.
	1.1 M 영재교사는 영재지도와 관련하여 특별히 명시한 전문성 개발활동에 최소한 일 년에 한 번 참여해야 한다.	1.1 E 모든 영재교사는 교원개발 혹은 학위 프로그램을 통해서 영재교육 연구에 지속적이며 적극적으로 참여해야 한다.
2. 자격을 갖춘 사람만이 영재교육에 관여해야 한다.	2.0 M 영재와 함께 활동하는 모든 교원은 지도하는 영역에서 자격을 갖추고 있어야 하며, 가르치는 학년 수준에서 영재의 독특한 학습 차이점과 요구를 인식해야 한다.	2.0 E 영재와 함께 활동하는 모든 교원은 정규적으로 교원개발 프로그램에 참여해야 한다.
	2.1 M 영재교육 전문 교사들은 본인이 가르치는 주에서 적극적으로 활동하여 영재교육 자격증(혹은 그에 상응하는 것)을 받아야 한다.	2.1 E 영재교육 전문가들은 영재교육 자격증/전문화 혹은 학위를 소지해야 한다.
	2.2 M 영재를 지도할 때, 일차적인 책임이 있는 교사는 영재교육에 대한 광범위한 전문성을 갖추고 있어야 한다.	2.2 E 영재교육에서 우수한 전문성을 가진 교사만이 영재교육에 대한 일차적인 책임을 져야 한다.

3. 학교관계자들은 영재교육과 관련하여 자신의 특별한 노력에 대해 지원을 받아야 한다.	3.0 M 학교 교원들은 영재교육 교원개발 노력에 참여해야 한다.	3.0 E 영재교육에서 인정하는 교원개발 활동에 대해서는 학군 및 교육기관이 최소한 부분적이라도 기금을 제공해야 한다.
4. 교원에게 시간과 기타 지원을 제공하여 차별화된 교육계획, 자료 및 교육과정을 준비하고 개발하게 한다.	4.0 M 학교 관계자들에게 차별화된 영재교육을 준비하고 계획할 시간을 할당해 주어야 한다.	4.0 E 교사에게 정기적으로 기획 시간〔예: 개방시간(release time), 여름방학에 받는 보수 등〕을 할당하여 차별화된 교육 프로그램 관련 자료를 개발하게 한다.

영재교육 프로그램 기준: 프로그램 평가

기술: 프로그램 평가는 제공한 서비스의 가치와 영향을 체계적으로 연구하는 것이다.

지침 원리	최소 기준	모범이 되는 기준
1. 평가에는 분명한 목적이 있어야 한다.	1.0 M 수집한 정보는 대부분 평가 의뢰자 집단의 흥미와 요구를 반영해야 한다.	1.0 E 수집한 정보에서는 모든 평가 의뢰자 집단이 제기한 관련 질문을 언급해야 하며 모든 관계자의 요구에 반응해야 한다.
2. 평가는 효율적이며 경제적이어야 한다.	2.0 M 학군은 프로그램 평가를 위해 충분한 자원을 제공해야 한다.	2.0 E 학군은 시간, 재정적 지원과 체계적으로 프로그램 평가를 실시할 사람들을 배정해야 한다.
3. 평가를 합법적 그리고 윤리적으로 실시해야 한다.	3.0 M 평가를 실시하는 사람은 유능하고 신뢰로워야 한다.	3.0 E 평가를 실시하는 사람은 영재교육 프로그램 평가에서 전문성을 갖추고 있어야 한다.
	3.1 M 프로그램 평가 설계에서 서비스가 의도한 목표에 도달하였는지 그 여부를 언급해야 한다.	3.1 E 평가 설계는 프로그램 서비스에 영향을 미치는 주요 문제뿐 아니라, 프로그램에서 발견한 강점과 약점도 보고해야 한다.
	3.2 M 의도한 목적에 적합한 도구와 절차를 사용하여 신뢰롭고 타당하게 자료를 수집한다.	3.2 E 평가에서 사용하는 도구가 충분한 신뢰성과 타당성을 가지고 있는지 그리고 다양한 연령, 발달 수준, 성과 여러 초점이 되는 집단에게 적합한지 확인한다.

	3.3 M 실질적인 프로그램 향상과 개발을 위해서, 계속 형성 및 총괄 평가책략을 진행하며 사용해야 한다.	3.3 E 주 및 지역 학군 정책에 의거하여 최소한 매 5년에 한번 혹은 그보다 자주 정규적으로 형성평가를 실시해야 한다.
	3.4 M 개인 자료에 대해서는 비밀을 보장해야 한다.	3.4 E 평가과정에 관여한 모든 개인들에게 정보를 입증해 주고 그 나온 결과를 해결하는 기회를 부여해야 한다.
4. 평가 결과를 문서자료로 이용할 수 있어야 한다.	4.0 M 평가 보고서는 분명하고 일관적인 양식으로 평가 결과를 제시해야 한다.	4.0 E 결과를 제시하고 관계자들의 추후활동을 권장하기 위해 평가 보고서를 고안해야 한다.

찾아보기

<인명>

저자에 대해서

Mary S. Landrum은 10년 동안 고등교육에서 학생을 지도하였고, 그 전에는 초등학교와 중학교 교사로 재직하였다. Landrum은 국립영재학회(National Association for Gifted Children)의 이사이며 1997년 NAGC 학회로부터 초기 지도자상(Early Leader Award)을 수상하기도 하였다. Landrum은 Prufrock 출판사와 국립영재학회에서 공동으로 발행한 교원개발 교재를 저술하였으며, 상담과 영재교육에 관한 새로운 책을 Creative Learning사에서 출판하였다.

Carolyn M. Callahan은 Virginia 대학 내 Curry 교육학과의 교수이며 국립영재교육연구소(National Research Center on the Gifted and Talented)의 부소장이다. Callahan은 영재교육 관련 분야들을 가르치고 있으며, 여름 심화 프로그램의 행정소장을 역임하고 있다. Callahan은 창의성, 영재 판별, 프로그램 평가 및 여성 영재가 직면한 문제에 대해서 130편의 논문과 20권 이상의 책을 저술하였다. Callahan은 Virginia 대학교의 교수로서 업적을 인정받아 국립영재학회에서 뛰어난 학자상을 수상하기도 하였다.

Callahan은 또한 영재학회와 국립영재학회의 회장, 그리고 *Gifted Child Quarterly, Journal for the Education of the Gifted* 및 *Roeper Review*의 편집위원을 역임하였다.

Beverly D. Shaklee는 현재 Kent 주립대학에서 교사교육을 담당하는 학장을 보조하며, 교수지도, 리더십과 교육과정 연구에서 교수로 재직중이다. Shaklee는 국립영재학회의 이사이며, 교사전문성 개발분과의 의장이고, 기준에 대한 대통령위원회(President's Committee on Standards)의 공동의장을 지낸 바 있다.

Gloria L. Cox는 North Carolina 주 Charlotte Mecklenburg 학교의 재능개발소장으로서 연구를 진행하고 있다. Cox는 이전에 Nebraska 주에서 영재프로그램 코디네이터, Nebraska 주 영재교육 이사와 영재를 위한 Nebraska 학회 관리자를 역임하기도 하였다. Cox는 국립영재학회 교사 전문성 개발분과의 부의장으로 활동하고 있다.

Mary Evans는 지난 4년 동안 Cumberland Trace 초등학교 교장으로 재직하였다. Cumberland Trace 초등학교는 Kentucky 주 교육부에서 후원하는 영재교육 지정 학교로서 위임된 곳이다. Cumberland Trace 학교 교원으로 재직하기 전에, Evans는 Western Kentucky 대학의 Center for Gifted Studies에서 프로그램 코디네이터로 활동하였다. Evans는 Kentucky 영재교육학회의 회장을 역임한 바 있고, 현재는 Louisville/Western Kentucky 대학에서 박사과정을 밟고 있다.

Helen L. Nevitt는 Fryeburg에 있는 Maine 학교 행정지구 72번(Maine School Administrative District No. 72)의 특수교육 소장이다. Nevitt은 특수교육과 영재교육 프로그램을 관리하며, 여러 수준 즉 초등에서 고등교육 분야까지 활동하고 있다. Nevitt은 대학 프로그램에서 영재교육과 영재교육을 관리하는 과정을 지도하고 있으며, 특히 영재의 사회-정서적 기능과 낮은 사회경제적 배경을 가진 영재의 교육에 관심을 가지고 있다. Nevitt은 상담과 지도분과에서 회장을 역임한 바 있으며 국립영재학회에서 적극적으로 활동하고 있다.

Kimberley Chandler는 Virginia 주 Amherst 지역에서 심화 프로그램을 관리하는 장학사이다. Chandler는 William and Mary 대학에서 박사과정을 받았으며, 그곳에서 영재교육 행정을 전공하였다. Chandler는 국립영재학회 여러 분과에서 적극적으로 활동하고 있으며, Virginia 영재학회에서 뉴스레터 편집을 담당하고 있다. Chandler는 1997년 Harry Passow 학급교사 장학금을 수령하기도 하였다.

Susan Hansford는 Ohio 주 North Olmsted City 학군에서 상급 및 심화 프로그램을 관리하는 장학사이다. Hansford는 1980년 이래 Ohio 주 영재교육분야에서 적극적으로 활동하고 있으며, 지난 16년 동안 영재교육 코디네이터로 일을 하고 있다. Hansford는 Ohio 영재 코디네이터 컨소시움 회장, 국립영재학회의 교사전문성 개발분과 회장, 그리고 Ohio 주 영재교육 자문위원의 위원을 지낸 바 있다. Hansford는 Kent 주립대학에서 영재교육 과정을 지도하고 있으며, 소외된 영재, 즉 유아 영재, 흑인 영재, 그리고 학습장애를 지닌 영재의 판별에 참여하고 있다.

Aimee Bonar는 2000년에 석사학위를 받고 현재는 교육심리 박사과정을 공부하고 있다. Bonar는 중, 고등학교 수준에서 특수교육을 받는 학생을 지원하는 가정/학교 협력과 중재방안에 관심을 가지고 있다.

Nicole Burge는 Cleveland 주립대학에서 심리학으로 학부과정을 마쳤다. Burge는 현재 Kent 주립대학에서 교육심리 프로그램에 등록하여 석사학위 과정을 밟고 있다. Burge는 학교심리학자로 활동하려는 열의를 가지고 있으며 행동관리와 영재교육에 전문성을 가지고 있다.

Jeanine M. Scally는 Kent 주립대학에서 교육심리 교육 전문가 학위를 받았다. Scally는 영재교육, 유아교육과 조기 중재방안에 관심을 가지고 있다. Scally는 향후 몇 년 동안 학교에서 활동하여 경험을 얻고자 하며 그 이후에 박사학위를 밟으려고 계획하고 있다.

◈ 역자 소개

이미순 uconnmisoon@gmail.com
동덕여자대학교 자연과학대학 아동학과(이학사)
연세대학교 생활과학대학 아동학과(문학 석사)
University of Connecticut 교육심리(철학박사, 영재교육전공)
현) 재능대학 아동학과 조교수
인천대학교 과학영재교육연구소 특별연구원
고려대학교 교육대학원 영재교육 겸임교수
한국교육개발원 영재교육센터 연구위원
National Research Center for the Gifted and Talented(NRC/GT) 연구원

♣ 저 · 역서 및 논문

병행교육과정(2009, 박학사)
영어 영재를 위한 실제적인 책략(2009, 아카데미프레스)
교육과정 압축: 뛰어난 잠재력을 지닌 학생을 위한 차별화 전략(2009, 아카데미프레스)
영재상담(2008, 박학사)
렌줄리 박사의 영재교육 시리즈:
교육과정 압축: 우수학생을 위한 정규교육과정 수정지침(2007, 박학사)
다중메뉴모델: 차별화된 교육과정 개발을 위한 실제적인 지침(2007, 박학사)
심화집단: 실제세계, 학생-주도적인 학습을 위한 실제적인 지침(2007, 박학사)
영재아 행동특성 평정척도(2007, 박학사)
재능개발을 위한 학교: 학교의 전반적인 개선을 위한 실제적인 계획(2007, 박학사)
종합재능기록표: 영재아 판별과 교육을 위한 체계적인 계획(2007, 박학사)
학습스타일 검사도구, 3판: 학생이 선호하는 교수방법 측정도구(2007, 박학사)
흥미도구들: 교사용 지침(2007, 박학사)
소외 영재 지도교사의 성공적인 지능 교수효능감(한국교원교육연구, 2006)
조기진급 및 조기졸업 유무에 따른 학업 동기와 자기조절적인 학습능력(교육심리, 2006)
소외 영재교사의 영재 및 영재교육에 대한 지각분석(한국교육, 2006)
Effects of the Enrichment Program for the Economically Disadvantaged Gifted on Their Aspirations and Satisfaction with the Program(KEDI Journal of Educational Policy, 2006)
The Awareness of Cultural Orientations in Culturally Responsive Education for Korean American Students(Journal of Praxis in Multicultural Education, 2009)
A Multilevel Analysis of Gifted Korean American Students' Characteristics and School Context Effects on Learning Style Preferences(Gifted and Talented International, 게재 예정)

수월성 지향을 위한 영재프로그램 기준:

NAGC 유아-유치~12학년 영재프로그램 기준에 대한 주석

인 쇄 일	2009년 6월 10일 초판 인쇄
발 행 일	2009년 6월 15일 초판 발행
저 자	Mary S. Landrum Carolyn M. Callahan Beverly D. Shaklee 편저
역 자	이미순 옮김
발 행 인	구본하
발 행 처	도서출판 박학사
주 소	서울시 마포구 서교동 460-26 동아빌딩 2층
전 화	(02)3142-3764~5
팩 스	(02)3142-3766
E-mail	pakhaksa@kornet.net
웹 사 이 트	www.pakhaksa.co.kr
등 록 번 호	제10-2230호

정가 12,000원 ISBN 978-89-91633-57-5

♣ 역자와의 합의하에 인지첨부는 생략합니다.

♣ 이 책은 본사의 허락 없이 어떠한 형태로든 일부 또는 전부를 무단복제 또는 무단전사를 할 수 없습니다.